KB111045

지도로
읽는다

지리와 지명의
**세계사
도감**

②

CHIZU TO CHIMEI DE YOMU SEKAISHI

by Masakatsu MIYAZAKI

Copyright ⓒ 2004 by Masakatsu MIYAZAKI

First published in Japan in 2004 by Nippon jitsugyo Publishing Co., Ltd.

Korean translation rights arranged with Nippon jitsugyo Publishing Co., Ltd.

through Japan Foreign-Rights Centre/Shinwon Agency Co.

이 책의 한국어판 저작권은 신원에이전시를 통한 저작권사와의 독점 계약으로 도서출판 이다미디어에 있습니다.

저작권법에 의해 한국 내에서 보호를 받는 저작물이므로 무단전재와 복제를 금합니다.

지도로
읽는다

지리와 지명의
세계사
도감

②

미야자키 마사카츠 지음

노은주 옮김

이다미디어

'지리'와 '지명'을 통해
땅의 세계사를 읽는다!

　언젠가 한번은 지도 한 장 달랑 들고 지중해를 여행한 적이 있다. 누군가는 무모한 행동이라며 만류했지만, 막상 여행을 다녀오니 오히려 얻은 것이 많아서 지금까지도 최고의 선택이었다고 스스로를 칭찬하는 데 망설임이 없을 정도이다.

　그러면서 지도 하나로 세계를 알 수 있는 방법이 있다면 얼마나 좋을까를 고민하게 되었고, 그 방법을 연구하기 시작했다. 그러다 보니 역사와 지리는 떼려야 뗄 수 없는 상관관계에 있고, 세계지도에 표시된 지명에도 숨은 역사가 있다는 사실을 알게 되었다. 더욱이 지금까지의 세계사와는 읽는 방식도, 이해하는 방식도 다른 생생한 지구의 역사를 보여줄 수 있다는 확신이 생겼다. 그래서 나는 '역사'와 '지리'와 '지명'을 알맞게 조리해서 누구나 쉽게 이해할 수 있는 세계사를 쓰기 시작한 것이다.

인간이 살고 있는 사회와 역사는 '생생하게' 살아 있다. 그렇기 때문에 19세기에 체계화된 유럽 중심의 세계사나 전통적인 중국제국사, 20세기를 지배한 미국 중심의 세계사를 가지고는 우리가 살고 있는 사회와 그 역사가 가슴 깊이 느껴지지 않는 것이다. 이제는 지금까지의 틀을 깨고 21세기의 시점으로 세계사를 바라보아야 한다.

이 책에서는 '지도'와 '지명'을 중심으로 역사를 바라보며, 인류사회의 확대를 '지리적', '공간적'으로 크게 나누어 해설함으로써 기존의 세계사와는 다른 체계를 제시했다. 우선 여기에서 그 틀을 대충 살펴보기로 하겠다. 그러면 본문을 훨씬 쉽게 이해할 수 있을 것이다.

1단계 : 4대 문명의 탄생과 지중해로 확대되는 문명

아프리카를 시작으로 지구상에 널리 퍼진 인류는 오랜 시간에 걸쳐 다양한 지역과 풍토에 뿌리를 내리면서 여러 사회를 만들었다. 그리고 이런 다양한 사회는 다음과 같이 서로 뒤섞이는 과정을 겪는다.

먼저 사막 주변의 초원(스텝)에서 농업이 시작되며, 5000년 전에 유라시아 5대 하천 유역의 충적평야에 4대 문명이 형성되기 시작했다. 각 문명은 다음과 같이 확대된다.

1. 나일 강 유역의 '이집트 문명' → 지중해 동부로 파급
2. 티그리스 강, 유프라테스 강 남부의 '메소포타미아 문명' → 두

시리아 다마스커스의 우마이야 모스크, 요한의 머리가 발견되었다. ⓒ Theklan, W-C
시리아에서 가장 큰 이슬람교 대사원으로, 아랍권을 통틀어서 매우 크고 아름다운 사원
중 하나로 손꼽힌다. 이슬람제국의 첫 번째 왕조인 '우마이야 왕조'때 세운 이 대사원은
규모뿐만 아니라 사원 안팎을 장식하고 있는 모자이크 작품으로도 유명하다. 우마이야
대사원의 모자이크는 아랍 모자이크 예술의 백미라는 평이다.

  강의 북부 지방과 소아시아, 시리아, 이란 고원으로 파급

3. 인더스 강 유역의 '인더스 문명' → 갠지스 강과 남인도, 동아시

  아로 파급

4. 황하 유역의 '황하 문명' → 장강 유역과 몽골 고원, 한반도, 일

  본 열도, 베트남으로 파급

  4대 문명 가운데 인더스 문명과 황하 문명은 각각 주변 지역이 대

산맥, 대사막, 초원 등으로 막혀 고립성이 강했다. 그에 반해 이집트

문명과 메소포타미아 문명은 두 문명 사이에 펼쳐진 사막 지대를 넘어서 '일체화'되는 방향으로 진행되었으며, 지중해 주변에 2차적인 '해양 문명(로마제국)'을 탄생시켰다.

그 결과 서아시아 지역에서 지중해에 이르는 넓은 공간에서 비로소 세계사로 부를 만한 역사가 최초로 시작되었다. 서아시아와 지중해 세계가 전반적인 인류 사회의 변화를 선도한 것이다.

2단계 : 유럽과 아시아의 중계무역으로 이슬람이 세계 주도

7세기가 되면서 서아시아와 지중해 남쪽 절반은 아라비아 반도에서 일어난 이슬람교도의 '대정복 운동'(민족 이동)에 의해 무너진다.

이에 따라 서아시아와 지중해 대부분은 이슬람제국이 지배했고, 지중해 북부만이 기독교도의 세계가 되었다. 즉, 서아시아와 지중해 남부의 이슬람 세계와, 지중해 북부의 기독교 세계로 '분열'된 것이다.

이 가운데 처음으로 세계사를 주도한 세력은 이슬람 세계였다.

7세기부터 8세기의 파상적인 '지하드(성전)'로 형성된 이슬람 세계는 이슬람화된 투르크인에 의해 중앙아시아의 초원과 실크로드, 그리고 북인도로 세력을 확장해나갔다. 그리고 중계무역을 하는 이슬람 상인의 활발한 활동으로 동남아시아와 인도양 주변의 해양 세계로 퍼졌으며, 더 나아가 베르베르인에 의해 사하라 사막 이남의 아프리카까지 확대되었다. 오늘날의 이슬람권은 이렇게 형성된 것이다.

또 이슬람제국은 상인의 사회적 지위가 높은 상업제국으로, 이슬람 상인들이 유라시아 규모의 대(大)상업 네트워크를 형성했기 때문에 '세계사'의 기반을 구축한 주역이 되었다. 유라시아 대부분을 지배한 몽골제국도 경제적인 면에서는 이슬람 상인의 도움을 받았는데, 만일 이슬람 상인의 도움을 받지 못했다면 몽골제국 자체가 성립될 수 없었다. 결국 몽골제국에 의해 이슬람 세계가 더 팽창했다고 간주해도 무리가 없다.

이처럼 이슬람 세계는 중앙아시아의 기마 유목민까지 자기의 세력권으로 끌어들이면서 유라시아의 대변동을 일으키는 동인으로 작용한다.

3단계 : 대항해 시대 이후 세계를 압도한 유럽의 팽창주의 시대

　유럽 세계는 이슬람 세계에 한때 압도당했지만 대개간 운동과 십자군 운동 등으로 자립성을 강화해나갔다. 그리고 대항해 시대 이후 아메리카 대륙을 '제2의 유럽'으로 바꾸었을 뿐만 아니라, 지표면의 70%를 차지하는 대양(Ocean) 세계를 지배하는 대규모 네트워크를 만들었다.

　19세기가 되면서 유럽 세계는 산업혁명으로 형성된 합리적인 사회 시스템, 철도와 증기선 등 운송수단의 발달과 강력한 무력을 배경으로 아시아와 아프리카, 태평양 해역으로 팽창해나갔다.

　그 뒤에도 유럽과 아메리카 세계는 전력과 내연기관, 원자력, 컴퓨터와 기술혁신(이노베이션)을 계속해 인류 문명의 발달을 이끄는 견인차 역할을 하고 있다.

4단계 : 변화를 강요받은 중국과 인도 등 '전통 세계'

　한편, 중국과 인도 등 전통적인 시스템을 유지해온 동아시아 세계는 이곳으로 진출한 유럽 세력의 식민지로 전락하는 등 매우 큰 영향을 받았다. 그러다가 20세기 전반에 발생한 세계대전과 민족주의 운동 등의 변혁기를 거치면서 자립성을 갖춘 세계로 재편되었다. 또 동남아시아 등의 세계도 독자성을 유지하면서 재건의 길을 모색하고 있다.

이런 틀은 다음과 같은 두 개의 움직임으로 단순화할 수 있다.

1. 역사를 움직인 세계의 흐름 : 소아시아와 지중해 → 이슬람 세계(몽골제국을 포함) → 유럽과 아메리카 세계
2. 지속성이 강한 세계의 세력권 : 재편된 이슬람 세계와 인도 세계, 동아시아 세계

이 두 개의 움직임을 알아두면 역사의 흐름뿐만 아니라 오늘날 세계의 여러 일들도 쉽게 이해할 수 있다.

이 책에서는 위와 같은 시각을 바탕으로 세계 여러 지역을 살펴봤으며, 이를 통해 유사 이래 오늘날까지 이어지는 세계사의 움직임을 개관해보았다. 주로 지도를 중심으로 설명했고, 지명에 대해서는 인류의 발전과 이동을 이해하는 범위 내에서 그 유래와 의미를 제시했다.

오늘날 세계는 1970년대 이후 정보혁명과 첨단 기술 덕분에 전 세계가 하나로 연결되는 과정에 있다. 그렇다면 이것은 '광의의 유럽'이 지구화되어가는 과정일까? '미국 문명'의 세계화일까? 아니면 '전통 세계'가 첨단 기술을 도입하면서 새로운 세계사를 주도적으로 전개해나가는 과정일까?

현 단계에서는 확실한 답을 제시할 수가 없다. 왜냐하면 현재 지구촌 전체가 극심한 변화를 겪고 있는 과도기이기 때문이다. 교착 상태에 빠진 이라크를 비롯한 중동 문제와, 모순을 안고 있으면서도 경제

성장을 통해 G2로 부상한 중국을 보면 세계의 문제가 쉽게 풀기 힘든 얽히고설킨 실타래임을 알 수 있을 것이다. 그러므로 일반적으로 말하는 것처럼 세계화가 단순히 미국화의 방향으로 가고 있다고 단정 지어 말하기도 힘들다.

지금 전 세계에서 일어나고 있는 다양한 문제의 본질적인 원인은 세계사 속에서 읽어낼 수 있을 것이다. 독자들이 이 책을 통해 지금까지 알지 못했던 역사의 배경과 문제를 파악하는 시각과 능력을 키울 수 있다면 더 바랄 것이 없겠다.

미야자키 마사카츠

5장 · 바다로 육지로! 러시아의 영토 확장

2권 차례

1장 · 남북 아메리카는 '제2의 유럽'으로 개조

5장 · 팽창하는 중화 세계, 국가인가 문명인가?

1장

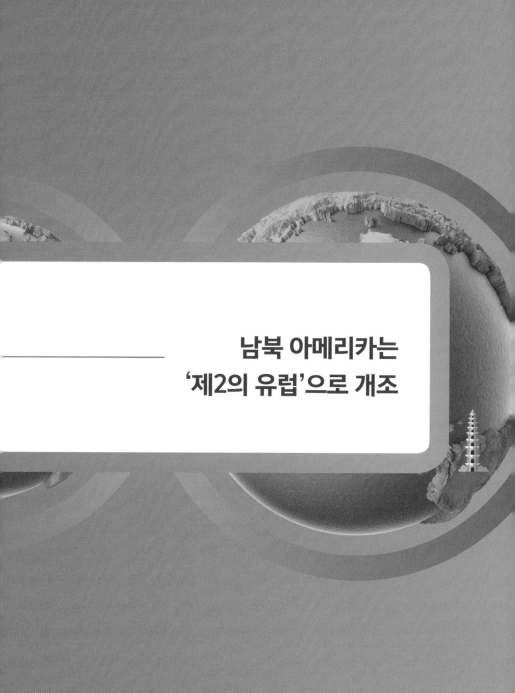

남북 아메리카는
'제2의 유럽'으로 개조

포르투갈과 스페인의 대항해, 아메리카를 식민지로 개척

스페인의 코르테스가 멕시코의 아즈텍제국을 정복

스페인과 포르투갈에 정복당하기 직전의 남북 아메리카 인구는 8,000만 명쯤으로 추정된다. 그런데 이곳을 침략한 스페인과 포르투갈을 합친 인구는 원주민 인구보다 훨씬 적은 800만 명 이하(전 유럽이 약 6,000만 명이었던 것으로 추정)였다고 한다. 즉, 남북 아메리카의 대제국이 불과 몇 년 만에 유럽의 작은 나라에 정복되고 만 것이다.

카리브 해의 쿠바(Cuba ; 원주민의 말로 '중심지'라는 뜻) 총독에서 대륙으로 떠나는 원정 대장으로 임명된 스페인의 코르테스(Hernán Cortés)는 충성심을 의심받아 해임되었는데도 이를 무시하고 1519년에 약 500명으로 구성된 부대와 말 16마리, 총 50정을 들고 유카탄 반도에 상륙했다.

퇴각 가능성을 없애기 위해 코르테스가 베라크루스에 정박했던 자신의 함대를 내보내는 장면, 2009년, ⓒ AlejandroLinaresGarcia, 멕시코 멕시코시티 군사박물관

유카탄이란 '네? 뭐라고요?'라는 의미이다. 스페인인이 유카탄 반도에 상륙해서 그 지역민인 마야인에게 "여기가 어디인가?" 하고 묻자, 그들이 "네? 뭐라고요?" 하고 대답한 것을 지명으로 착각한 것이다.

코르테스는 이미 이 땅에 아즈텍제국이 존재한다는 사실을 알고 있었다. 따라서 연안을 끼고 북상해서 베라크루스(Veracruz ; '진정한 십자가의 풍요로운 도시'라는 뜻으로 '비라 리카 데 라 크루스'로 불림)에 군사 거점을 설치한 후, 아즈텍제국의 수도인 테노치티틀란(Tenochtitlan ; 현지어로 '선인장의 마을'이라는 뜻)으로 침입했다. 그러나 주민들은 '과거 제국에서 추방당한, 수염을 기르고 피부가 흰 신 케찰코아틀(Quetzalcuatl ; 고대 멕시코에서 종교, 역사, 문학에 등장하는 인물의 이름 - 역주)이 돌아온다'라는 예언의 실현으로 받아들여, 말을 타고 총을 든 코르테스를 신이라며 환영했다. 그러나 미지의 이질적인 문화를 자신들의 잣대로 이해하려고 했던 아즈텍족은 코르테스의 만행에 곧 공포를 느꼈고, 코르테스는 아즈텍족에 반감을 가진 주변 여러 부족을 교묘하게 이용해 아즈텍제국을 붕괴시켰다.

잉카제국을 멸망시킨 스페인인은 일확천금을 노리고 남미에 진출

페루(Peru)의 잉카(Inca)제국도 아즈텍제국과 똑같은 운명을 걷게

멕시코의 아즈텍 문명을 붕괴시킨 스페인의 코르테스, 1879년, José Salomé Pina, 스페인 마드리드 프라도 미술관

된다. 파나마(Panama ; '물고기가 풍부한 곳'이라는 뜻)에서 잉카제국의 존재를 안 뒤, 본국으로 돌아가 국왕에게 지배를 허가받은 스페인인 피사로(Francisco Pizarro)는 병사 180명과 말 27마리를 이끌고 페루에 상륙했는데, 잉카제국이 혼란한 틈을 이용해 '살아 있는 신'이라고 여기던 잉카를 교묘한 방법으로 붙잡아 잉카제국을 멸망시켰다. 그리고 피사로는 남미 여러 식민지의 수도로 '시우다드 데 로스 레이에스('제왕(諸王)의 도시'라는 뜻)'를 건설했는데, 이것이 바로 오늘날의 리마(Lima)이다.

잉카제국의 수도 쿠스코(Cuzco ; '배꼽, 중심'이라는 뜻)를 대체한 새 수도 리마는 원주민의 말로 '예언하는 곳'이라는 뜻이다. 도시가 건설된 땅에서 흐르는 강의 강변에 대신전이 있으며, 많은 순례자들이 모였기 때문에 이렇게 불린 듯하다.

스페인인이 수도를 쿠스코에서 리마로 옮긴 것은 쿠스코가 안데스 산맥의 3,660미터나 되는 높은 곳에 위치해 있어서 공기가 희박해 스페인 사람들이 살기에는 힘들었기 때문이다.

참고로 '페루(Peru)'라는 말의 어원은 파나마 방면에서 남하한 스페인 사람이 처음 상륙한 곳이 북부에 위치한 비루 강(Viru ; 원주민의 말로 '강'이라는 뜻)이어서, 이것이 지명이 되었다가 나중에 '페루'가 되었다는 설이 유력하다.

잉카제국을 멸망시키자 일확천금을 얻기 위한 스페인인들의 야망이 더욱 불타올랐다.

현재 콜롬비아의 수도인 보고타(보고타라는 원주민 수장의 이름에서

대항해 시대 이전의 아즈텍제국과 잉카제국

아즈텍제국(1500년경)
11세기경의 마야 문명을 이어받아
멕시코 중앙 고원에 건설한
제국으로 스페인이 정복했다.

아즈텍제국은 왜 멸망했는가?
아즈텍인들은 '피의 의식'이라는
이름 아래 살아 있는 사람의
가슴에서 심장을 꺼내 신을
위한 제물로 바쳤다. 1년에
약 2만 명의 포로를 잡아다가
제물로 바쳤으며, 그 시체를
먹었다. 하지만 스페인의
에르난 코르테스가 쳐들어오자
희생 제물로 확정된 사람들을
비롯해 피의 의식을 두려워
하던 아즈텍인들이 스페인을
지지해 아즈텍제국은 멸망했다.

유카탄 반도

마야

테노치티틀란
(지금의 멕시코시티)

대서양

태평양

기아나 고지

아마존 강

안데스 산맥

리마

쿠스코

잉카제국
(1500년경)
페루의 부족국가,
에콰도르, 볼리비아,
북칠레를 지배한 안데스
최후의 국가이다.

라플라타 강

잉카제국은 왜 멸망했는가?
당시 왕이 잉카 북부를 시찰하고 돌아와 천연두로
죽을 정도로 잉카에는 천연두가 창궐했다. 인구
3,500만 명 중에서 3분의 2가 죽었다고 할
정도로 참혹한 상황이었다. 더불어 문자가 없어서
소통은커녕 외국 사정을 모르는 우물 안
개구리였고, 철기 문명을 받아들이지 못해 칼과
총이 없었다. 또 폭정에 시달리던 부족들이
스페인 군대에 협력하면서 쉽게 멸망했다.

마추픽추, 2007년, © icelight, W-C

유래) 부근의 원주민 수장이 일 년에 한 번씩 지내는 제사 때 온몸
에 금가루를 바르고 목욕을 한다는 이야기 때문에, 이 왕이 지배하
는 나라에는 보석과 황금이 흘러넘칠 것이라는 전설, 즉 '엘도라도(El
Dorado : '황금에 뒤덮인 사람'이라는 뜻의 스페인어. '황금향'이라고 번역한다)

전설'이 확산되었다. 황금에 대한 강한 욕망에 불탄 탐험대는 단기간
에 스페인 본국보다 35배나 넓은 남미를 정복했지만, 실제로 '엘도라
도'는 존재하지 않았다.

멕시코는 '신에게 선택된 자'라는 뜻이다

코르테스는 해발 2,259미터인 아즈텍제국의 수도 테노치티틀란을 파
괴하고, 폐허 위에 스페인령 식민지인 '누에바 에스파냐(새 스페인)'라는
거점을 만들었다.

동서와 남북이 각각 10킬로미터인 시가지는 정연하게 정비되었고, 새
도시의 건축 자재로는 폐허에서 파낸 석재를 이용했다. 이 도시는 용맹
무쌍한 아즈텍족의 군신인 메히틀리(Mexitli ; '신에게 선택된 자'라는 뜻)에서
따와 '메히코'라고 명명되었다.

1820년대, 누에바 에스파냐가 독립하자, 멕시코 시를 중심으로 하는 이
지역은 멕시코 공화국이 되었다. 이를 영어로 번역한 것이 '멕시코'이
다. 본래 멕시코는 도시명이었지만 국명이 되었기 때문에 수도를 멕시
코시티라고 부르게 되었다.

멕시코시티는 20세기에 접어들어 주변 농촌 지대에서 많은 농민들이
유입되어 급격히 인구가 증가하여 1930년대 중반에는 100만 명을 넘
어섰으며, 현재는 인구가 2,000만 명으로 세계 최대 규모의 도시가 되
었다. 하지만 멕시코시티는 본래 텍스코코 호(Lago de Texcoco)를 매립
한 도시이기 때문에 지반 침하가 심하며, 산소가 희박한 고지대 분지에
있기 때문에 대기 오염과 교통 정체 등의 수많은 문제를 안고 있다.

중남미를 정복한 스페인,
브라질만 포르투갈이 차지

가톨릭교의 흔적이 남아 있는 라틴아메리카의 국가명과 도시명

잉카제국이 멸망한 후에도 황금을 찾기 위한 스페인의 탐험과 정복 활동은 계속되었다.

1534년, 피사로의 부하가 훗날 에콰도르(Ecuador)의 수도가 되는 해발 2,800미터의 키토(Quito ; '키토족 인디오'라는 뜻)를 건설했다. 참고로 에콰도르는 스페인어로 '적도'라는 뜻인데, 이 말을 통해 에콰도르가 적도 바로 아래에 위치해 있다는 사실을 알 수 있다.

그리고 1535년에는 스페인인 멘도사(Pedro de Mendoza)가 부에노스아이레스(Buenos Aires ; '순풍의 산타마리아(항해하는 수호신)를 기념하는 도시'라는 뜻)를 건설했다. 이 도시는 원주민의 공격으로 한때 포기했다가 나중에 재건되었는데, 18세기 후반에 라플라타 부왕(副王)령이 되

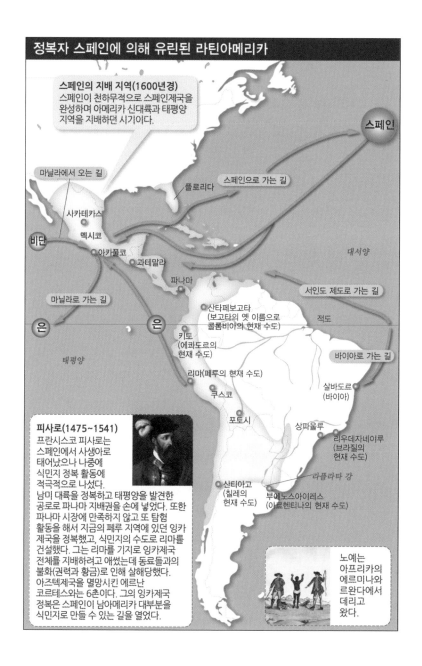

정복자 스페인에 의해 유린된 라틴아메리카

스페인의 지배 지역(1600년경)
스페인이 천하무적으로 스페인제국을 완성하며 아메리카 신대륙과 태평양 지역을 지배하던 시기이다.

스페인

마닐라에서 오는 길

스페인으로 가는 길

플로리다

사카테카스

비단

멕시코

아카풀코

과테말라

대서양

파나마

마닐라로 가는 길

서인도 제도로 가는 길

은

은

산타페보고타
(보고타의 옛 이름으로 콜롬비아의 현재 수도)

적도

키토
(에콰도르의 현재 수도)

바이아로 가는 길

태평양

리마(페루의 현재 수도)

살바도르
(바이아)

쿠스코

피사로(1475~1541)
프란시스코 피사로는 스페인에서 사생아로 태어났으나 나중에 식민지 정복 활동에 적극적으로 나섰다. 남미 대륙을 정복하고 태평양을 발견한 공로로 파나마 지배권을 손에 넣었다. 또한 파나마 시장에 만족하지 않고 또 탐험 활동을 해서 지금의 페루 지역에 있던 잉카제국을 정복했고, 식민지의 수도로 리마를 건설했다. 그는 리마를 기지로 잉카제국 전체를 지배하려고 애썼는데 동료들과의 불화(권력과 황금)로 인해 살해당했다. 아즈텍제국을 멸망시킨 에르난 코르테스와는 6촌이다. 그의 잉카제국 정복은 스페인이 남아메리카 대부분을 식민지로 만들 수 있는 길을 열었다.

포토시

상파울루

리우데자네이루
(브라질의 현재 수도)

라플라타 강

산티아고
(칠레의 현재 수도)

부에노스아이레스
(아르헨티나의 현재 수도)

노예는 아프리카의 에르미나와 르완다에서 데리고 왔다.

면서 급격히 성장했고 오늘날 아르헨티나(Argentina)의 수도가 되었다.

아르헨티나라는 이름의 유래에는 이런 이야기가 있다. 1526년, 이탈리아 탐험가 카보트(Sebastian Cabot)는 한창 탐험하다가 인디오에게서 은을 입수하게 된다. 그래서 그는 이 강에서 많은 은이 산출될 것이라고 생각하고, 이곳을 '은의 강'을 의미하는 '라플라타(La Plata) 강'이라 명명했지만 은은 산출되지 않았다. 그럼에도 라플라타 강 유역의 비옥한 평원은 많은 정착민들이 들어오면서 꾸준히 성장했다. 이곳은 1816년에 라플라타 연방으로 독립했는데, 식민지 시절에 사용한 '라플라타'라는 호칭을 싫어해 10년 뒤에는 스페인어로 똑같은 은을 의미하는 '아르헨티나'라고 고쳤다.

1541년에는 피사로의 또 다른 부하가 칠레(Chile : '땅끝'이라는 뜻)에 식민지를 건설하라는 명령을 받고 거점 도시 산티아고(Santiago : '성 야고보'에서 비롯됨)를 건설해, 누에보 카스틸라(새 카스틸라) 식민지를 건설했다.

1500년에 포르투갈은 브라질(적색 염료의 원료인 브라질나무 '홍목', '브라질스오우'에서 유래)을 식민지로 삼는다. 브라질의 첫 수도는 '바이아'로, 이 지역에서 시작된 사탕수수 재배가 대성공을 거두면서 17세기 전반에 브라질은 세계 최대의 사탕 생산지가 된다.

이 밖에 리우데자네이루(Rio de Janeiro : '1월의 강'이라는 뜻. 1502년 1월에 바람에 떠내려온 포르투갈 배가 우연히 발견)와, 1554년 성 바울의 날에 가톨릭의 예수회가 창건한 상파울루(성 바울이라는 뜻, 이 도시가 성

바울의 날에 건설되었기 때문에)가 브라질의 주요 도시가 되었다. 참고
로 리우데자네이루는 최초로 발견한 항해자가 좁은 후미(inlet ; 바다
의 일부가 육지 속에 깊숙이 들어간 곳)를 강이라고 착각해 이렇게 이름
붙인 것으로 보인다.

종주국 혼란과 크리오요의
투쟁으로 국민국가 독립

라틴아메리카의 식민지 독립은 나폴레옹 1세 덕분이었다?

멕시코 이남의 국가들을 '라틴아메리카' 국가라고 하는데, 이곳은 과거 스페인과 포르투갈의 식민지였다. 그런데 옛 종주국의 언어가 라틴어에서 파생되었기 때문에 통틀어서 '라틴아메리카'라고 부르는 것이다.

라틴아메리카는 세계 육지 면적의 15% 이상, 인구의 6%를 차지하고 있는 지역으로 18세기 전반에 독립을 쟁취하면서 많은 국가들이 출현했다.

17세기경 스페인과 포르투갈의 세력은 쇠약해져만 갔다. 그런데도 18세기에 들어서면서 산업 진흥과 행정의 효율화, 군비 강화를 추진하기 시작했고, 식민지 지배층인 크리오요(criollo)는 점차 늘어가는 본국 정부의 간섭에 심하게 반발했다. 크리오요란 본국 이민자의 자손(나중에는 백인과 원주민의 혼혈을 포함해 지칭)으로, 스페인 식민지 인구 약 1,500만 명 가운데 20%를 차지하고 있었다.

　이런 가운데 독립 전쟁으로 미국이 탄생했고, 식민지 엘리트층에 계몽 사상과 자유주의 사상이 침투하면서, 프랑스 혁명 등의 영향을 받은 크리오요가 스페인으로부터 독립하기 위해 무력 투쟁을 전개했다. 이 독립 투쟁은 1807~1808년에 일어난 나폴레옹의 이베리아 반도 침공이 큰 계기를 만들어주었는데, 종주국이 나폴레옹의 지배하에 놓이면서 혼란이 지속되자 식민지 각지에서 쉽게 독립운동을 전개할 수 있었기 때문이다.

크리오요 가족, 1730년, 작가 미상, 멕시코

라틴아메리카의 독립운동을 이끈 주역은 종주국 출신의 백인 크리오요

• 아이티와 베네수엘라 독립

1806년 세계 최초의 흑인 공화국인 아이티(Haiti ; 카리브어로 '산이 많은 나라'라는 뜻) 탄생이 라틴아메리카 독립의 선구였으며(아이티의 독립은 1804년), 1811년에는 베네수엘라(Venezuela)가 독립했다. 베네수엘라는 말라카이보 호수 위에서 생활하는 사람을 본 스페인인이 그들을 '작은 베니스'라고 명명한 데서 유래되었다.

• 콜롬비아 독립

콜롬비아 독립운동의 지도자는 베네수엘라의 카라카스(Caracas)에서 태어난, 루소(Jean Jacques Rousseau)의 신봉자인 시몬 볼리바르(Simón Bolívar)였다. 그는 1819년에 평균 해발이 3,660미터인 안데스 산맥('동(銅)'이라는 뜻)을 넘어 누에바그라나다(오늘날의 콜롬비아와 파나마)에서 왕당파군을 무찌르고 대(大)콜롬비아공화국(콜롬비아, 베네수엘라, 에콰도르)의 대통령이 되었다.

• 페루와 볼리비아 독립

또 시몬 볼리바르는 1821년에 페루의 혁명 세력을 도와 승리로 이끌었고, 1824년에는 새 공화국을 건국했다. 다음 해인 1825년, 산타 크루스(Santa Cruz ; '성스러운 십자가'라는 뜻)를 중심으로 안데스 지방이 독립했다. 이 나라의 국호는 '볼리비아(Bolivia)'로, 시몬 볼리바르의

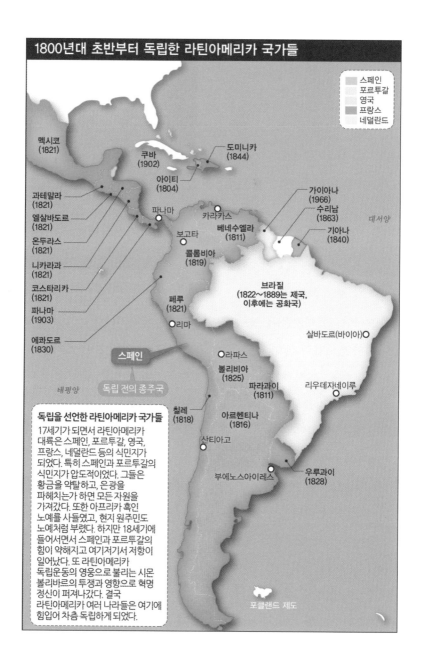

1800년대 초반부터 독립한 라틴아메리카 국가들

스페인
포르투갈
영국
프랑스
네덜란드

멕시코
(1821)

쿠바
(1902)

도미니카
(1844)

아이티
(1804)

과테말라
(1821)

엘살바도르
(1821)

온두라스
(1821)

니카라과
(1821)

코스타리카
(1821)

파나마
(1903)

에콰도르
(1830)

파나마

카라카스

보고타

베네수엘라
(1811)

콜롬비아
(1819)

가이아나
(1966)

수리남
(1863)

기아나
(1840)

대서양

브라질
(1822~1889는 제국,
이후에는 공화국)

살바도르(바이아)

페루
(1821)

리마

스페인

독립 전의 종주국

태평양

라파스

볼리비아
(1825)

파라과이
(1811)

리우데자네이루

칠레
(1818)

아르헨티나
(1816)

산티아고

부에노스아이레스

우루과이
(1828)

포클랜드 제도

독립을 선언한 라틴아메리카 국가들

17세기가 되면서 라틴아메리카 대륙은 스페인, 포르투갈, 영국, 프랑스, 네덜란드 등의 식민지가 되었다. 특히 스페인과 포르투갈의 식민지가 압도적이었다. 그들은 황금을 약탈하고, 은광을 파헤치는가 하면 모든 자원을 가져갔다. 또한 아프리카 흑인 노예를 사들였고, 현지 원주민도 노예처럼 부렸다. 하지만 18세기에 들어서면서 스페인과 포르투갈의 힘이 약해지고 여기저기서 저항이 일어났다. 또 라틴아메리카 독립운동의 영웅으로 불리는 시몬 볼리바르의 투쟁과 영향으로 혁명 정신이 퍼져나갔다. 결국 라틴아메리카 여러 나라들은 여기에 힘입어 차츰 독립하게 되었다.

이름에서 따온 것이다. 현재 베네수엘라와 볼리비아에서는 볼리바르의 탄생일이 국민 축제일이다.

남아메리카의 독립운동가였던 산 마르틴 장군, 1827~1829년, 칠레 국립역사박물관

• 아르헨티나 독립

1806년, 부에노스아이레스가 영국 함대의 공격을 받았을 때 스페인 부왕(副王)이 반격하지 못하자 시민군이 영국을 물리치면서 독립의 기운이 높아졌다. 1814년 이후 산 마르틴(José de San Martin)을 지휘관으로 해방 전쟁이 시작되었으며, 1816년에 아르헨티나는 라플라타 연방으로 독립했다.

• 칠레 독립

칠레(Chile : 원주민의 말로 '땅끝'이라는 뜻)에서도 독립의 기운이 고조되었다. 이에 따라 산 마르틴의 지원을 받은 지도자가 1818년 독립을 선언하면서 왕당파가 지배하는 남부 지역을 정복했고, 1826년에 독립을 완성했다.

칠레는 남북의 길이가 약 4,265킬로미터로, 한반도 총 길이의 약 네 배나 되는 장대한 국가이다. 사막과 지중해성 기후, 서안해양성

기후, 스텝 기후, 툰드라 기후 등 다양한 기후대를 갖추었다. 참고로 칠레 와인으로 유명한 수도 산티아고('성 야고보'이라는 뜻)는 지중해성 기후대에 자리하고 있다.

• 멕시코 독립

국토 대부분이 산악 지대와 아나우악(Anahuac ; 멕시코 고원. 아즈텍인의 말로 '늪지대가 있는 토지'라는 뜻) 등의 광대한 고원으로 구성된 멕시코에서는 1810년에 작은 마을의 사제인 이달고(Miguel Hidalgo y Costilla)가 원주민에 대한 차별에 반대하며 봉기했다. 그가 죽은 뒤에도 독립운동은 계속되었고, 결국 1821년에 '독립과 군주제의 수립', '스페인인과 원주민의 평등'을 내걸고 독립했다.

이렇게 여러 신흥 독립국을 탄생시킨 크리오요의 엘리트들은 자유주의의 흐름을 타고 유럽의 새로운 정치 시스템을 도입했으며, 식민지 시대의 낡은 제도와 세금, 관습을 폐지했다.

하지만 독립 후로도 수십 년 동안이나 혼란이 지속되었는데, 19세기 중반이 되자 사병을 거느린 부유한 지주층('카우디요'라고 함)이 계속해서 쿠데타를 일으켰기 때문이다. 따라서 사회 개혁은 추진되지 않았고 토지와 부의 쏠림이 진행되었다. 칠레는 오늘날에도 불과 570세대가 농지의 65%를 소유하고 있다.

프렌치-인디언 전쟁 승리로
영국이 북미 지배권 장악

'큰 강'을 의미하는 미시시피 강과, '큰 호수'를 의미하는 미시간 호

남한 면적의 약 97배나 되는 '대륙 국가' 미국은 대서양 연안에 건설된 영국의 13개 식민지를 토대로 형성되었다. 하지만 처음에는 프랑스인과 스페인인이 먼저 식민지를 개척했는데, 이는 지명으로도 알 수 있다.

먼저 원주민의 언어에서 온 지명으로는 '큰 강'을 의미하는 미시시피(Mississippi) 강과, '큰 통나무배'를 의미하는 긴 지류의 미주리(Missouri) 강, '토지가 둘로 갈라진 곳'을 의미하는 나이아가라(Niagara) 폭포, '큰 호수'를 의미하는 미시간(Michigan) 호, '산 저쪽에 있는 사람들'이라는 뜻의 애팔래치아(Appalachian) 산맥 등이 있다.

또 유럽계 지명으로는 스페인어로 '붉은'을 의미하는 콜로라도

미시시피 강이 시작되는 이타스카 호, 2007년, © Jon Harald Søby, W-C

(Colorado) 강, '작은 성자 존'을 의미하는 스와니(Suwannee) 강, '눈의 산맥'을 의미하는 시에라네바다(Sierra Nevada) 산맥, 프랑스인이며 탐험가였던 카르티에(Jacques Cartier)가 '고대 로마의 순교자인 성 로렌스'의 이름을 따서 명명한 세인트로렌스(Saint Lawrence) 강, 프랑스어에서 영어로 바뀐 로키(Rocky : 바위가 많은) 산맥, 프랑스어로 '폭포'를 의미하는 캐스케이드(Cascade) 산맥 등 스페인어와 프랑스어의 두 개 그룹이 있다.

스페인어나 프랑스어에 비해 영어를 어원으로 하는 지명은 적은 편이다. 북미 지역의 대부분을 캐나다와 미국이라는 영어권 국가들이 차지하고 있는 현 상황에서는 쉽게 이해하기 힘든 부분이다. 이런 현상은 영국인이 북미 지역을 식민지로 개척한 것은 농업이 목적

프렌치-인디언 전쟁 전후의 식민지 영토 변화

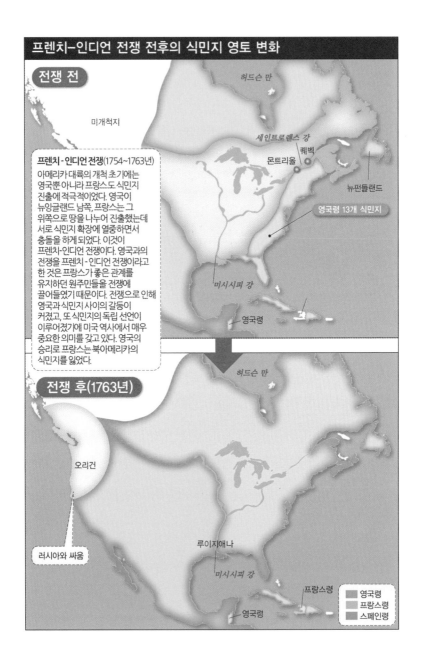

전쟁 전

미개척지

허드슨 만

세인트로렌스 강

퀘벡

몬트리올

뉴펀들랜드

영국령 13개 식민지

미시시피 강

영국령

프렌치 - 인디언 전쟁(1754~1763년)

아메리카 대륙의 개척 초기에는 영국뿐 아니라 프랑스도 식민지 진출에 적극적이었다. 영국이 뉴잉글랜드 남쪽, 프랑스는 그 위쪽으로 땅을 나누어 진출했는데 서로 식민지 확장에 열중하면서 충돌을 하게 되었다. 이것이 프렌치-인디언 전쟁이다. 영국과의 전쟁을 프렌치 - 인디언 전쟁이라고 한 것은 프랑스가 좋은 관계를 유지하던 원주민들을 전쟁에 끌어들였기 때문이다. 전쟁으로 인해 영국과 식민지 사이의 갈등이 커졌고, 또 식민지의 독립 선언이 이루어졌기에 미국 역사에서 매우 중요한 의미를 갖고 있다. 영국의 승리로 프랑스는 북아메리카의 식민지를 잃었다.

전쟁 후(1763년)

허드슨 만

오리건

러시아와 싸움

루이지애나

미시시피 강

프랑스령

영국령

- ■ 영국령
- ■ 프랑스령
- ■ 스페인령

이었으므로 동해안의 좁은 토지에서 집단을 이루어 생활했기 때문에 일어났다.

오늘날의 플로리다(Florida ; 스페인어로 '꽃이 피었다'라는 뜻)와 텍사스 (Texas ; 원주민 말로 '친구'라는 뜻), 캘리포니아(California ; 중세 프랑스 소설에 나오는 '미녀와 황금의 섬'에서 유래) 등의 광대한 지역은 스페인의 식민지였으며, 캐나다(Canada ; 원주민의 말로 '오두막이 모인 곳'이라는 뜻)와 미시시피 강 유역의 광대한 영역인 루이지애나(Louisiana ; '루이 14세의 땅'이라는 뜻)는 인디언과 모피 거래를 하는 프랑스의 식민지였다.

이에 반해 영국에서 유래한 지명으로는 대서양 연안 지역인 버지니아(Virginia ; 엘리자베스 여왕(Virgin Queen)에서 따온, '처녀지'라는 뜻)와 뉴잉글랜드(New England ; '새로운 잉글랜드'라는 뜻), 매사추세츠 (Massachusetts ; 원주민의 말로 '큰 언덕 기슭'이라는 뜻), 영국 – 네덜란드 전쟁을 통해 네덜란드에서 획득한 뉴욕(New York ; 해군 제독 요크 공, 오라녜 공이 공략한 데서 따왔다. '새로운 요크'라는 뜻) 등이 있다. 영국은 대서양 연안에서 13개 농업 식민지를 보유했을 뿐이었기에 면적 면에서도 스페인과 프랑스 양국에 뒤처진 상태였다.

영국과 프랑스가 북미에서 식민지를 개척하면서 충돌

영국에서는 1688년 명예혁명이 일어난 뒤 루이 14세가 이끄는 프랑스와의 대립이 심화되었다. 북미에 프랑스와 영국의 식민지 수가 늘어남에 따라 각국의 식민지 경계선을 둘러싼 분쟁이 빈번하게 발생했기 때문이었다. 그 결과 17세기 말부터 18세기 중반까지 식민지에서는 유럽에서 일어나는 전쟁과 연동하는 형태로 4차례의 큰 전투가 반복되었다.

유럽의 '7년 전쟁(1756~1763)'에 연동해서 일어난 '프렌치 - 인디언 전쟁(1754~1763)'에서는 영국군이 프랑스 본대가 결집한 퀘벡(원주민의 말로 '강이 좁아지는 곳'이라는 뜻)을 함락했고, 1760년에는 몬트리올(Montreal ; 프랑스어로 '왕의 산'이라는 뜻)을 사수하는 최후의 프랑스군을 무찌르고 승리했다. 결국 프랑스는 1763년에 체결된 '파리 조약'에 따라 북미 지역의 전 영토를 잃고 말았다. 게다가 프랑스가 전년도에 밀약 조약으로 미시시피 강 서쪽의 루이지애나를 스페인에 양도했는데, 스페인도 루이지애나를 차지하는 대가로 영국에 플로리다를 할양해야 했다.

이 '프렌치 - 인디언 전쟁'은 북미 지역에서 영국계 사람들이 우위를 차지하게 한 일종의 독립 전쟁이나 마찬가지였다. 이 전쟁은 이후일어난 미국의 남북 전쟁에 필적할 만큼 중요한 의미가 있다.

영국과 프랑스는 북미뿐만 아니라 인도를 포함해, 1689년부터 1815년까지 126년 동안 식민지 쟁탈전을 벌이며 계속 대립했다. 영국의 역사가 실리(J. R. Seeley)는 《영국의 팽창》에서 이것을 영국과 프랑스의 '제2차 백년 전쟁'이라고 불렀다.

영국의 패권을 저지하려고
유럽 국가들이 독립 지원

미국의 13개 식민주는 영국이 지배한 자국의 변경이었다

영국은 '프렌치 – 인디언 전쟁'으로 프랑스 세력을 모두 몰아내고 서반구에서 패권을 확립하는 데 성공했다.

하지만 영국 정부는 전쟁 중에 13개 식민주가 프랑스와 밀무역을 했다는 사실에 불만을 품었다. 또 전쟁 중에 발생한 막대한 채무와, 새롭게 획득한 대영지를 지배할 비용을 충당해야 하는 일 때문에 골머리를 앓았다. 그래서 영국은 식민지에도 응분의 부담을 지웠고, 또 항해법을 실시해 식민지 무역을 엄격히 통제하는 조치를 취했다.

설상가상으로 1773년 동인도회사가 홍차를 너무 많이 매입해서 경영에 위기가 찾아왔다. 영국 정부는 식민지 상인의 차(茶) 무역을 전면 중단하고, 동인도회사에 무역의 독점권을 넘겨주는 '차법(茶法)'

보스턴 차 사건을 그린 석판화, 1846년, 너새니얼 커리어

을 내놓아 식민지의 큰 반발을 샀다.

그 결과 인디언으로 분장한 급진파 약 60명이 보스턴 항에 입항한 차 선박 3척을 습격해, 홍차 342상자(7만 5,000달러 상당)를 바다에 내던지는 '보스턴 차 사건'이 발생했다.

세계 유수의 항구를 가진 보스턴은 뉴잉글랜드 식민지 최대의 도시로 퓨리턴 청교도(16~17세기 영국 및 뉴잉글랜드에서 칼뱅주의의 흐름을 이어받은 프로테스탄트 개혁파를 말한다)가 정착하면서 건설했다. 당시 도시명은 잉글랜드의 링컨셔 주에 있는 보스턴에서 이름을 따와 1630년 식민지 의회에서 명명한 것이다. 이처럼 보스턴이라고 붙인 것은 본국의 보스턴에서 이주한 사람이 많았기 때문이라고도 하고,

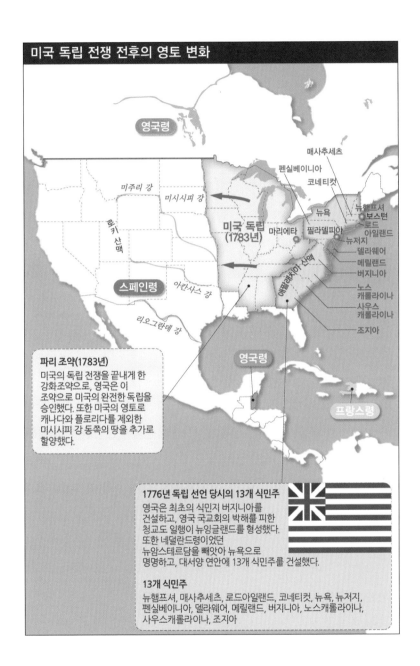

미국 독립 전쟁 전후의 영토 변화

영국령

매사추세츠
펜실베이니아
코네티컷

미주리 강
미시시피 강

로키 산맥

뉴욕   뉴햄프셔
미국 독립   보스턴
(1783년)   마리에타 필라델피아   로드
아일랜드
뉴저지
델라웨어
메릴랜드
애팔래치아 산맥   버지니아

노스
캐롤라이나
스페인령   아칸소 강
사우스
캐롤라이나
리오그란데 강   조지아

영국령

프랑스령

파리 조약(1783년)
미국의 독립 전쟁을 끝내게 한
강화조약으로, 영국은 이
조약으로 미국의 완전한 독립을
승인했다. 또한 미국의 영토로
캐나다와 플로리다를 제외한
미시시피 강 동쪽의 땅을 추가로
할양했다.

1776년 독립 선언 당시의 13개 식민주
영국은 최초의 식민지 버지니아를
건설하고, 영국 국교회의 박해를 피한
청교도 일행이 뉴잉글랜드를 형성했다.
또한 네덜란드령이었던
뉴암스테르담을 빼앗아 뉴욕으로
명명하고, 대서양 연안에 13개 식민주를 건설했다.

13개 식민주
뉴햄프셔, 매사추세츠, 로드아일랜드, 코네티컷, 뉴욕, 뉴저지,
펜실베이니아, 델라웨어, 메릴랜드, 버지니아, 노스캐롤라이나,
사우스캐롤라이나, 조지아

두 지역에 퓨리턴이 많았기 때문이라고도 한다.

'보스턴 차 사건'은 미국의 독립에 지대한 영향을 미쳤기 때문에, 이 사건이 발생한 보스턴을 가리켜 '자유 발상지'라고도 한다.

미국과 청의 수호통상조약에 '아미리가대합중국' 처음 등장

1775년, 보스턴 교외의 렉싱턴(Lexington : '렉싱턴 남작'에서 유래)에서 식민지 민병대와 영국군이 교전을 벌여 민병대 8명이 숨지는 사건이 일어났다.

영국 본국과의 무력 충돌이 시작되자 식민지 측은 '식민지 지배 완화'를 요구하며 워싱턴(George Washington)의 지휘하에 1만 3,000~1만 7,000명의 군대를 조직했다. 그리고 1776년에 토머스 페인(Thomas Paine)이 본국으로부터의 독립을 주장하며 지은 《상식(코먼 센스 : common sense)》이라는 8쪽짜리 팸플릿이 출판되었는데, 불과 3개월 만에 12만 부나 판매되었을 정도였다. 이 책으로 인해 전쟁의 목적이 '독립'으로 전환된 것이다.

같은 해 7월 4일, 13개 식민지는 펜실베이니아 주의 필라델피아에서 열린 대륙회의에서 '독립 선언'을 채택한다. 존 로크(John Locke)의 사회 계약설에 있는, 압정에 대한 저항권을 근거로 새 국가 수립을 선언했던 것이다. 이후, 1777년이 되면서 '연합 규약'이 채택됨에 따라 13개 주(State)로 구성된 '미합중국'이 성립된다.

주(州)가 연합한 국가인데도 미'합중국(合衆國)', 즉 무리(중 : 衆)가

요크타운 전투에서 영국군 사령관 콘월리스가 항복하고 있다. 1797년, 존 트럼블

모여서 형성된 국가라고 번역하는 것은, 독립 전쟁으로 국가가 성립된 것을 높이 평가하기 때문일 것이다. '미합중국'이라고 쓰는 것은 1844년의 망하조약(望廈條約 ; 미국과 청의 수호통상조약)'이 최초이며, 이 조약에는 '아미리가대합중국(亞米理駕大合衆國)'이라고 적혀 있다.

　1776년에 영국군이 보스턴에서 철수하면서 전선이 남쪽으로 이동했는데, 제철이 금지되어 있었던 탓에 미국은 무기와 탄약이 부족했다. 그래서 1778년, 미국은 프랑스와 동맹을 맺어 지원을 받았다. 참고로 오하이오 주에는 '마리에타(Marietta)'라는 도시가 있는데, 이는 독립 전쟁에서 받은 프랑스군의 지원에 대한 감사의 표시로, 프랑스 루이 16세의 비인 마리 앙투아네트(Marie Antoinette)의 이름에서 따와 지은 이름이라고 한다.

다른 유럽 국가들도 자국 내의 '내란'이라고 주장하는 영국을 무시하고 미국의 독립을 인정했고, '무장 중립 동맹'을 결성해 미국과 무역을 계속했다. 즉, 유럽 국가들은 식민지의 독립을 도움으로써 영국의 패권을 흔들려고 했던 것이다.

결국 고립된 영국은 1781년에 버지니아 요크타운(Yorktown ; '요크 마을'이라는 뜻)에서 미국군과 프랑스군에 결정적인 공격을 받고 패배를 인정해, 1783년 '파리 조약'에서 미국의 독립을 승인했다.

미합중국 독립의 중심이었던 '형제애' 필라델피아

식민지 의회가 보스턴 차 사건 때 투기했던 차의 대금 지불을 거부하자, 본국은 손해를 배상할 때까지 항구를 폐쇄하고, 매사추세츠 식민지를 본국 통제하에 두는 등의 보복 조치를 취했다.

이런 본국의 행동을 식민지인의 권리 부정과 식민지 의회의 파괴로 간주한 여러 식민지의 대표는 1774년에 식민지 최대의 공업 도시인 필라델피아에 모여 대륙회의를 개최해, 식민지의 권리를 주장했다. 필라델피아(Philadelphia)는 퀘이커 교도가 델라웨어 강 하구에서 50킬로미터 지점의 오른쪽에 건설한 도시로, 도시 이름은 그리스어로 '형제애'를 뜻하는 말이다. 필라델피아는 1800년까지 미국의 수도였으며, 뉴욕에 이은 미국 굴지의 무역항으로 1840년의 인구는 9만 4,000명이었다.

서부를 향한 정복과 개척이 미국을 '대륙 국가'로 완성

1800년 이후 수도가 된 워싱턴 DC는 콜롬비아 특별구

미국은 20세기부터 21세기에 걸쳐 세계의 패권을 장악했다. 하지만 18세기 후반에 영국에서 독립했을 당시에는 신대륙의 작은 나라에 불과했다. 그 뒤로 많은 사람들이 이민을 왔고, '서부'라는 미개척지를 대규모로 개발했으며, 해양 세계로 진출하여 두 번의 세계대전을 거치면서 미국은 비로소 강대국의 지위를 확립한 것이다.

미국은 현재 본토의 48개 주와 본토에서 떨어져 있는 알래스카(Alaska)와 하와이(Hawaii) 2개 주를 더한 50개 주로 구성되어 있고, 동서로는 약 4,500킬로미터에 이르며, 인구는 약 3억 2,000만 명(2017년)에 이른다.

1787년 델라웨어 주를 바라다보는 항구 도시 필라델피아에서 미국헌법제정의회가 열려 헌법안이 채택(독립 선언도 필라델피아에서 채택, 1776~1800년까지 수도였다. 1789~1790년은 제외)되었고, 다음 해 9개 주에서 비준되어 '미합중국(USA)'이 성립되었다. 1789년에는 당시 수도인 뉴욕(1789년~1790년 수도)에서 최초의 연방의회가 설치되었고, 조지 워싱턴이 초대 대통령에 선출되었다.

미국의 초대 대통령 조지 워싱턴, 1796년, 길버트 스튜어트, 미국 워싱턴 국립초상화박물관

뉴욕은 독립 전쟁 중에 격전지가 되어 일시적으로 쇠퇴했지만, 1825년에 5대 호와 허드슨(Hudson) 강, 대서양을 연결하는 이리(Erie) 운하가 개통되면서 광대한 내륙부로 진출하는 관문이 되었고, 철도망의 기점이 되었다. 따라서 유럽에서 건너온 이민자는 뉴욕에 상륙한 뒤 미국 각지로 흩어졌다.

또 현재의 수도인 포토맥(Potomac) 강가에 위치한 워싱턴(Washington)은 프랑스인 피에르 샤를 랑팡(Pierre Charles L'Enfant)이 설계한 계획 도시로, 미국 초대 대통령의 이름을 따서 명명했다. 1800년 이후 수도가 된 워싱턴은 그 어느 주에도 속하지 않는 콜롬비아 특별구

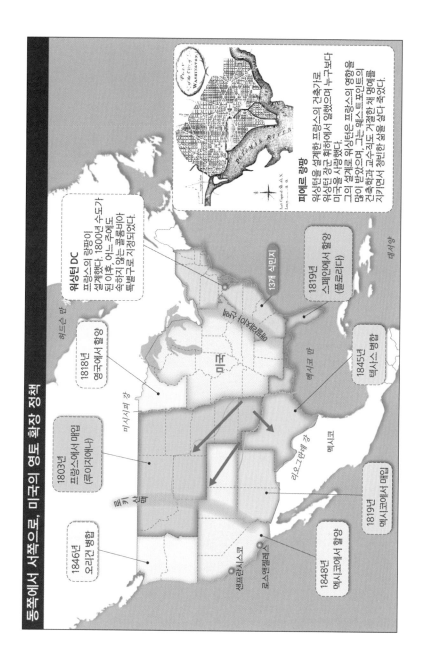

동쪽에서 서쪽으로, 미국의 영토 확장 정책

워싱턴 DC
프랑스의 랑팡이 설계했다. 1800년 수도가 된 이후 어느 주에도 속하지 않는 콜롬비아 특별구로 지정되었다.

1818년
영국에서 할양

1803년
프랑스에서 매입
(루이지애나)

1846년
오리건 병합

13개 식민지

1819년
스페인에서 할양
(플로리다)

1845년
텍사스 병합

1819년
에스파냐에서 할양

1848년
멕시코에서 할양

허드슨 만

미시시피 강

미국

애팔래치아 산맥

멕시코 만

로키 산맥

리오그란데 강

멕시코

샌프란시스코

로스앤젤레스

대서양

피에르 랑팡
워싱턴을 설계한 프랑스의 건축가로 워싱턴 전 과정에서 일했으므로 누구보다 미국을 사랑했다. 그의 설계로 워싱턴은 프랑스의 영향을 많이 받았으며, 그는 웨스트포인트의 건축과 교수로도 거장한 채 명예를 지키면서 정반한 삶을 살다 죽었다.

(District of Columbia)로 지정되어, 이를 워싱턴 DC라고도 부르는 경우
가 많다. 참고로 워싱턴 DC의 면적은 179제곱킬로미터로 서울(605
제곱킬로미터)의 약 30% 크기이다.

프랑스 나폴레옹 1세로부터 1,500만 달러에 루이지애나를 매입

프랑스 혁명기에 중립을 지킨 미국은 1803년에 나폴레옹 1세에게
서 광대한 루이지애나 지방을 불과 1,500만 달러에 사들였다(이 지역
은 1800년에 스페인에서 프랑스로 할양되었다). 루이지애나는 멕시코 만부
터 캐나다, 미시시피 강, 로키 산맥 사이의 약 210만 제곱킬로미터나
되는, 오늘날의 13개 주에 걸친 지역이다. 이로써 미국의 영토는 단
숨에 두 배가 될 수 있었다.

그리고 1819년에는 스페인에서 멕시코 만과 접해 있는 플로리다
반도를 할양받았다. 이곳의 지명은 최초로 이 땅에 도달한 스페인인
데 레옹(Juan Ponce de Leon)이 4월에 상륙했을 때 수많은 꽃이 사방에
피어 있었기 때문에 이렇게 붙여진 것이라고 한다. 또 플로리다 동남
부에 위치한 세계적인 휴양지로 유명한 마이애미는 원주민어로 '거
대한'이라는 뜻을 가진 마이애미(Miami) 강에서 유래했다.

또한 미국에서는 서부로 진출하는 것을 정해진 운명이라면서, 그
런 뜻을 가진 '매니페스트 데스티니(Manifest Destiny)'라는 슬로건을
내세웠는데, 이에 따라 인구가 동부에서 서부로 계속 이동하면서 토
지가 개척되어 밭과 도로, 마을이 형성되었다. 그러나 이 때문에 원

매니페스트 데스티니(정해진 운명, 미국의 팽창주의와 영토 약탈을 합리화한 슬로건이다), 의인화된 미스 컬럼비아가 여신처럼 공중에 떠 있고, 왼쪽에서는 인디언들이 쫓겨나고, 오른쪽에서 기차와 역마차가 들어오고 있다. 왼쪽 끝으로 대서양과 태평양, 로키 산맥이 보인다. 1872년, 존 가스트, 미국 의회도서관

주민인 인디언들은 이곳에서 축출당하는 수난을 겪었다.

1780년대 이후 프런티어 라인(Frontier line : 약 2.59제곱킬로미터에 인구가 2~6명인 지역을 연결하는 선)은 애팔래치아 산맥을 넘어섰고, 이로 인해 1840년대 말까지 약 10만 명의 인디언이 미시시피 강 서부로 이주해야만 했다.

연방정부도 공유지 조령(1785)을 통해 공유지를 민간에 불하하는

방법을 규정했고, 북서부 영유지 조령(1787)을 통해서는 새로운 주 (州)의 설립과 연방에 가입할 수 있는 조건(인구수)을 규정했다.

'아메리카 – 멕시코 전쟁'에서 승리해 캘리포니아와 뉴멕시코를 획득

1845년, 미국은 멕시코령인 텍사스를 병합했다. 텍사스는 본래 멕시코령이었고, 미국에서 건너온 정착자가 대부분을 차지하고 있었는데, 이들이 1836년에 독립을 선언하면서 텍사스 공화국을 수립했다.

한편, 1841년 텍사스에 건설된 댈러스(Dallas)는 병합 당시인 1845년부터 1849년까지 부통령을 역임했던 댈러스(George Dallas)의 이름에서 따온 것이다. 댈러스는 제2차 세계대전 후에 석유와 우주 개

아메리카–멕시코 전쟁에서 미국이 점령한 멕시코시티의 가을, 1851년, 카를 네벨

발, 첨단 산업 등으로 급성장했으며, 남부 경제의 중심 도시가 되었다. 댈러스는 제35대 대통령 케네디(John F. Kennedy)가 암살된 도시로도 유명하다. 또 휴스턴(Houston) 시는 과거 텍사스 공화국의 수도였는데, 멕시코인 군대를 격퇴한 공화국의 초대 대통령 휴스턴(Sam Houston) 장군의 이름에서 따온 것이다.

약 1억 달러의 전비가 들었고, 전사자가 1만 3,000명 발생한 1846~1848년의 '아메리카 – 멕시코 전쟁'에서 승리한 미국은 캘리포니아와 뉴멕시코를 획득함으로써(1,500만 달러로 할양) 단숨에 태평양까지 영토가 확대되었다.

또 아메리카 – 멕시코 전쟁 후 미국령이 되어 1864년 미국의 36번째 주로 편입된 네바다 주는 세계적인 '도박의 도시' 라스베이거스(Las Vegas : 스페인어로 '광야, 비옥한 토지'라는 뜻)가 있는 곳으로 유명하다. 라스베이거스는 1905년에 철도가 개통되어 교통 도시가 되었으며, 세계 공황이 발생했을 때 심각한 불황을 극복하기 위해 도박을 공인하면서 오늘날과 같은 세계적인 도시로 성장하게 되었다.

북부의 공업과 남부의 농업, 노예제 폐지를 놓고 충돌

남군이 찰스턴 항을 포격하면서 남북 전쟁이 개시

1860년, 당시 대통령 선거에서 노예 제도 확대에 반대하는 공화당의 링컨(Abraham Lincoln)이 제16대 대통령으로 당선되었다. 그러자 1861년, 남부 7개 주의 대표가 앨라배마(Alabama) 주 몽고메리(Montgomery ; 독립 전쟁 당시에 캐나다 전선에서 활약했던 장군 이름에서 유래)에 결집해 미합중국연합국(CSA)을 수립했고, 같은 해 남군이 사우스캐롤라이나(South Carolina) 주에 위치한 찰스턴(Charleston) 항의 섬터 요새를 포격하면서 남북 전쟁이 시작되었다.

남북 전쟁의 시작이 된 찰스턴은 쌀과 담배의 수출항으로 번성해 '바다의 여왕'이라고도 불렸다. 과거에는 영국 왕인 찰스 2세의 이름을 따서 찰스타운이라고 했는데, 독립 전쟁 후에 찰스턴으로 개명되었다.

　전쟁이 발발한 단계에는 4개 주만 참가했지만, 이후 연방에서 이탈한 주가 11개 주로 늘었고, 그들은 수도를 버지니아 주 리치먼드(Richmond ; 잉글랜드 남부의 리치먼드 산에서 유래)로 정했다. 1862년 남군은 리(Robert Lee) 장군의 지휘하에 워싱턴으로 진격했으나 다음 해에 게티즈버그(Gettysburg)에서 참패하고 말았다. 참고로 '국민의, 국민에 의한, 국민을 위한 정부'라는 링컨의 연설로 유명해진 게티즈버그는 1780년에 이 도시를 설계한 제임스 게티즈(James Gettys)의 이름에서 유래했다.

　해군력에서 압도적으로 우세한 북군이 해상을 봉쇄하자 면화 수출과 더불어 여러 가지 물자를 수입에 의존했던 남군은 무력해졌고, 결국 1863년 미시시피 강 유역의 마지막 요새를 빼앗겨버렸다. 그리고 1865년이 되어 사상자 62만 명, 전비 50억 달러라는 값비싼 대가를 치른 남북 전쟁이 끝났다. 북부가 남부를 제압하고 미합중국을 다시 통일한 것이다.

전쟁에서 승리한 북부는 서부 개발로 폭발적인 경제 성장

　면화를 대량 생산하면서 미국에서 가장 부유했던 남부는 남북 전쟁 결과 가장 가난한 지역으로 전락했다. 더불어 대통령을 많이 배출했던 버지니아는 1912년까지 대통령을 배출하지 못했다.

　한편, 전국을 정치적, 경제적으로 통합한 북부는 해마다 100만 명

노예제를 두고 북부와 남부가 벌인 남북 전쟁

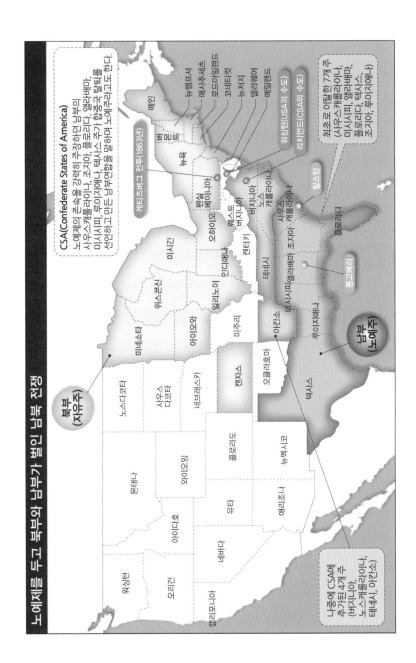

CSA(Confederate States of America)
노예제에 존속을 강력히 주장하던 남부의 사우스캐롤라이나, 조지아, 플로리다, 앨라배마, 미시시피, 루이지애나, 텍사스 주가 합중국 탈퇴를 선언하고 만든 남부연합을 말하며 노예주라고도 한다.

최초로 이탈한 7개 주
(사우스캐롤라이나,
미시시피, 앨라배마,
플로리다, 텍사스,
조지아, 루이지애나)

나중에 CSA에
추가된 4개 주
(버지니아,
노스캐롤라이나,
테네시, 아칸소)

위싱턴(USA의 수도)
리치먼드(CSA의 수도)

게티즈버그 전투(1863년)

**북부
(자유주)**

**남부
(노예주)**

메인

뉴햄프셔
매사추세츠
로드아일랜드
코네티컷
뉴저지
델라웨어
메릴랜드

버몬트
뉴욕
펜실
베이니아
웨스트
버지니아
버지니아
노스
캐롤라이나
사우스
캐롤라이나
찰스턴

미시간
오하이오
인디애나
일리노이
켄터키
테네시
조지아
앨라배마
미시시피
플로리다
몽고메리

위스콘신
아이오와
미주리
아칸소
루이지애나

미네소타
네브래스카
캔자스
오클라호마
텍사스

노스다코타
사우스
다코타
콜로라도
뉴멕시코

몬태나
와이오밍
유타
애리조나

아이다호
네바다
캘리포니아

워싱턴
오리건

이 넘는 이민자가 유입되었고, 철도 건설을 축으로 한 서부 개발로 가히 폭발적인 경제 성장이 계속되었다. 그리고 1890년, 북부 인구는 6,920만 명으로 1860년에 비해 두 배나 늘어났다. 1860년 당시 거대 도시는 인구가 100만 명 이상인 뉴욕과 50만 명 이상인 필라델피아 두 곳뿐이었고, 도시 인구가 19.8%에 지나지 않았다. 그런데 1920년에는 뉴욕과 시카고, 필라델피아 등 7개 도시가 인구 100만 명 이상이 되었고, 10개 도시가 50만 명 이상이었으며, 도시 인구 비율은 51.2%가 되었다.

미국은 펜실베이니아, 오하이오(Ohio ; 원주민의 말로 '크고 아름다운 강'이라는 뜻)의 제철업과 미시간의 자동차 산업, 텍사스와 캘리포니아의 석유 산업이 발달하면서, 세계 1위의 공업국으로 성장했다. 그러나 그 이면에는 성공한 실업가와 도시의 저변 노동자 간의 경제적인 격차가 심각하다는 문제점을 안고 있었다.

또 1890년에는 서부 프런티어가 소멸했기 때문에 새 이민자들이 동부 도시에 그대로 체류했는데, 그 결과 1900년 뉴욕 인구의 41%, 보스턴과 시카고 인구의 35%를 외국 이민자들이 차지하게 되었다.

대서양과 태평양을 연결, 해양제국으로 솟았다!

스페인과의 전쟁에서 승리 후 영국을 모델로 해양 국가로 변신

1890년대에 미국의 프런티어가 소멸한다. 이후 미국은 철도 건설을 중심으로 하는 서부 개발로 경제 성장을 이룩했고, 결국 세계 1위의 공업 생산국을 자랑하게 되었다. 그리고 대서양과 태평양의 중간에 위치했다는 지리적 이점을 활용해서 영국을 모델로 삼아 해양제국으로 변신하고자 한다.

바로 이런 시기에 해양제국으로 가는 길을 제시한 사람이 바로 머핸(Alfred Mahan) 제독이다. 그는 지구 최대의 대양인 태평양을 미국이 소유해야 한다고 주장했는데, 이 주장을 바탕으로 미국은 함대와 해병대를 정비해나간다. 이런 가운데 미국 해군이 대서양과 태평양을 지배하려면 두 대양을 연결하는 세계 제2의 '내해'인 카리브 해를

반드시 지배해야 한다는 인식이
강해졌다.

미국의 해군 제독 알프레드 머핸, 19세기 미군의 전략에 절대적인 영향을 미쳤다.

스페인령인 쿠바에서 반스페인 봉기가 일어나자, 미국은 최신예함인 메인 호를 아바나(La Habana) 항에 파견했다. 그러나 1898년 2월 15일, 메인 호에서 의문의 폭발이 일어나면서 승무원 266명이 희생되었고, 이를 계기로 '미국 - 스페인 전쟁'이 시작되었다.

참고로 오늘날의 쿠바 수도인 아바나는 스페인 사람이 1519년에 건설한 식민 도시로, 정식 명칭은 '산크리스토발 데 파 아바나(아바나족이 있는 성 크리스토퍼 콜럼버스)'라고 했는데, 너무 길어서 '산크리스토발 데 파'를 생략하고 아바나로 했다.

미국 - 스페인 전쟁이야말로 미국이 해양제국으로 변신하는 첫걸음이었다. 국무장관 존 헤이(John Hay)가 이 전쟁을 '근사한 작은 전쟁'이라고 불렀다는 사실에서도 알 수 있듯이, 불과 4개월간의 전쟁으로 미국은 쿠바와 푸에르토리코(Puerto Rico)를 자국 세력권에 편입해서 카리브 해역을 지배했고, 태평양의 괌(Guam)과 마닐라(Manila)도 손에 넣었다. 또 전쟁 중에 태평양의 중심에 자리한 하와이까지 병합했다.

현재 하와이는 미국의 50개 주 가운데 하나가 되었으며, 푸에르토리코는 준주(準州)가 되었다. 그 결과 '카리브 해 - 하와이 - 괌 - 필리핀'이라는 아시아를 연결하는 진출 루트가 열리게 되었다. 스페인에서 항로를 인수한 미국 입장에서 그다음 과제는 대서양과 태평양을 연결하는 운하 건설이었다.

대서양과 태평양을 연결한 파나마 운하의 건설과 운영권 획득

1890년, 미국 의회는 운하 건설 후보지를 선정할 목적으로 지협(地峽)운하위원회를 설치했다. 위원회는 당초 니카라과(Nicaragua : 스페인 식민지 당시 수장인 니카라오에서 유래)를 후보지로 삼았지만, 파나마 운하 건설에 실패한 레셉스 회사가 4,000만 달러로 자산 매각을 신청했기 때문에 방침을 변경해 파나마(Panama) 지협 가운데 폭 9.5킬로미터 지역을 콜롬비아(Colombia)에서 빌려 운하를 건설하기로 결정했다.

미국은 콜롬비아 정부와 협상을 벌여, 1903년에 일시금 1,000만 달러와 해마다 25만 달러를 지불하는 내용의 조약을 체결했다. 하지만 콜롬비아 의회는 금액에 불만을 품고 조약 비준을 거부했다.

그러던 그해 11월, 콜롬비아의 파나마 주에서 대지주가 반란을 일으키는 사건이 발생한다. 이에 미국은 파나마의 먼바다에 군함을 파견해 콜롬비아 정부군의 상륙을 저지하며 파나마 공화국의 분리 독

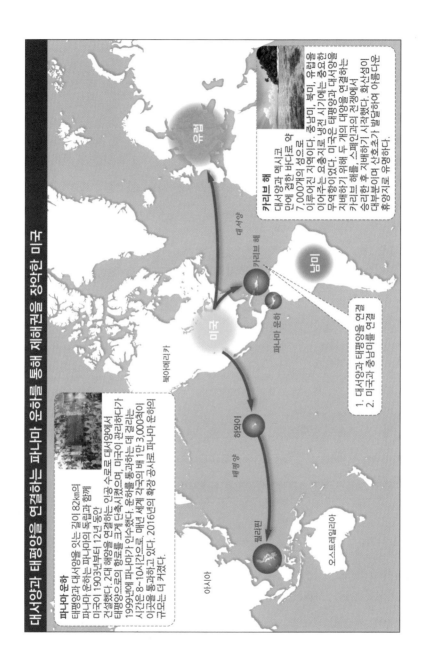

대서양과 태평양을 연결하는 파나마 운하를 통해 제해권을 장악한 미국

파나마 운하

태평양과 대서양을 잇는 길이 82km의 파나마 운하는 파나마의 독립과 함께 미국이 1903년부터 12년 동안 건설했다. 2대 해양을 연결하는 인공 수로로 대서양에서 태평양으로의 항로를 크게 단축시켰으며, 미국이 관리하던 운하는 1999년에 파나마가 인수했다. 운하를 통과하는 데 걸리는 시간은 8~10시간으로, 매년 세계 각국의 배 1만 3,000척이 이곳을 통과하고 있다. 2016년의 확장 공사로 파나마 운하의 규모는 더 커졌다.

카리브 해

대서양과 멕시코 만에 접한 바다로 약 7,000개의 섬으로 이루어진 지역이다. 미국이 중남미, 북미, 유럽을 냉전 시기에는 중요한 무역항이었다. 미국과 태평양과 대서양을 연결하는 요충지로 이어주는 대서양을 지배하기 위해 두 개의 대양을 연결하는 지배하기 위해 카리브 해를, 스페인과의 전쟁에서 승리한 후 지배하기 시작했다. 화산이 카리브 해를 섬들로 이루어진 아름다운 대부분이며 산호초가 발달하여 아름다운 휴양지로 유명하다.

1. 대서양과 태평양을 연결
2. 미국과 중남미를 연결

북아메리카

유럽

대서양

카리브 해

남미

파나마 운하

미국

하와이

태평양

필리핀

아시아

오스트레일리아

립을 지원했다.

미국은 새 독립국과 조약을 체결해 파나마의 독립을 보장했고, 동시에 폭 16킬로미터의 운하 지대에 대한 영구 임대권을 획득했다 (1999년 12월 31일을 기해 파나마로 이양).

이후 지협운하위원회는 1905년에 갑문(閘門)식 운하를 건설하기로 결정했다. 그리고 난공사를 거친 끝에 1914년의 제1차 세계대전 개전 2주일 후에 길이 60킬로미터, 수심 최소 13미터에 최소 폭이 약 92미터인 파나마 운하를 완공했다.

카리브 해의 리몬 만이 보이는 크리스토발(Cristubal ; 콜럼버스의 이름에서 유래)에서 태평양을 접한 파나마 만 연안의 발보아(Balboa ; 태평양을 발견한 스페인 군인 발보아에서 유래)에 이르는 운하의 건설 비용은 총 3억 7,500만 달러나 소요되었다. 그러나 운하를 건설함으로써 동해안의 뉴욕에서 서해안의 로스앤젤레스(로스(Los)는 관사, 앤젤스(Angeles)는 '천사'라는 뜻)까지의 거리가 남미 마젤란 해협을 경유할 때의 40%로 단축되었다.

하와이의 진주만 기지를 중심으로 태평양의 제해권을 확보

미국은 하와이 군도의 오아후(Oahu) 섬('오아후'란 수장의 딸 이름에서 유래) 서쪽 10킬로미터 지점에 위치한 진주만의 이용 가치를 발견하고, 1887년에 진주만에 대한 독점적 사용권을 획득했다. 그리고 1911년부터 진주만 입구를 막는 사주(砂洲)와 산호초를 제거해 깊이

칼라니오프 국왕이 제임스 쿡 선장에게 선물을 바치기 위해 온 모습, 1784년, 존 웨버

11미터의 수로를 만듦으로써, 진주만을 미국 태평양 함대의 기지로 삼았다.

　진주만은 예부터 원주민들이 진주를 채취한 곳으로, 1875년에 미국이 이 지역을 포경선 연료 보급지로 삼았을 때 한 포경업자가 이렇게 부른 데서 유래했다.

　이곳으로 이주한 미국계 사람들이 하와이 왕조에 쿠데타를 일으켜 공화국을 탄생시킨 것이 1893년의 일이다. 이때 유폐된 하와이 왕조의 여왕 릴리우오칼라니(Liliuokalani)가 작곡한 명곡이 '알로하 오에(Aloha Oe)'이다.

미국은 그 뒤 제1차 세계대전과 태평양 전쟁을 거쳐 태평양의 제해권(制海權 : 전시, 또는 비상사태하에서 자국이 필요로 하는 해역을 자유롭게 사용할 수 있을 뿐만 아니라, 적국이 자국을 공격하기 위한 목적으로 일정한 해역을 자유롭게 사용할 수 없도록 하는 상태)과 제공권(制空權)을 확립했다.

'프로스트 벨트'에서 '선 벨트'로 미국 경제의 중심축이 이동

제1차 세계대전 이후의 대공업 지대가 '프로스트 벨트'로 쇠락

제1차 세계대전에서 유럽에 자금 원조를 함으로써 세계 최대의 채권국이 된 미국은 1920년대에 다른 세계 여러 나라보다 한발 앞서 대중 소비 사회를 실현한다. 1908년 세계 최초의 양산 대중차 T형 포드가 보급되면서 맞이한 자동차 시대와 가전제품 시대가 본격적으로 열리기 시작했다. 그리고 라디오와 영화의 대중매체를 통해 대중문화가 활짝 꽃피기 시작한 것도 이 시기이다.

미국의 문명을 대표하는 자동차 산업의 중심지가 된 곳이 바로 미시간 주에 위치한 디트로이트(Detroit)인데, 이곳은 미국 자동차 산업의 '빅3'라고 불리는 GM과 포드, 크라이슬러의 거점이다.

또 이 디트로이트를 비롯한 5대 호(슈피리어 호, 미시간 호, 휴런 호, 이

미국 경제의 중심축이 프로스트 벨트에서 선 벨트로 이동

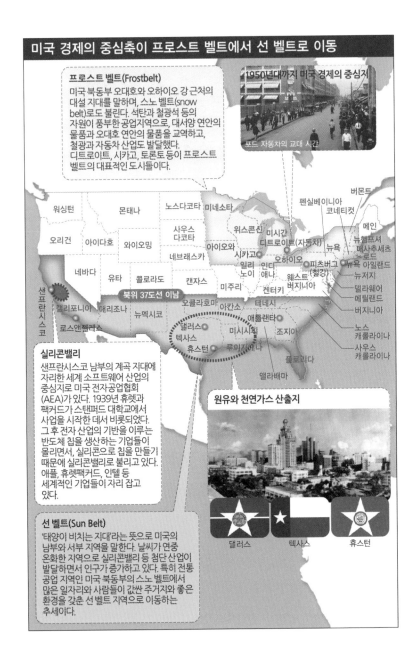

프로스트 벨트(Frostbelt)
미국 북동부 오대호와 오하이오 강 근처의 대설 지대를 말하며, 스노 벨트(snow belt)로도 불린다. 석탄과 철광석 등의 자원이 풍부한 공업지역으로, 대서양 연안의 물품과 오대호 연안의 물품을 교역하고, 철광과 자동차 산업도 발달했다. 디트로이트, 시카고, 토론토 등이 프로스트 벨트의 대표적인 도시들이다.

1950년대까지 미국 경제의 중심지

포드 자동차의 교대 시간

실리콘밸리
샌프란시스코 남부의 계곡 지대에 자리한 세계 소프트웨어 산업의 중심지로 미국 전자공업협회(AEA)가 있다. 1939년 휴렛과 팩커드가 스탠퍼드 대학교에서 사업을 시작한 데서 비롯되었다. 그 후 전자 산업의 기반을 이루는 반도체 칩을 생산하는 기업들이 몰리면서, 실리콘으로 칩을 만들기 때문에 실리콘밸리로 불리고 있다. 애플, 휴렛팩커드, 인텔 등 세계적인 기업들이 자리 잡고 있다.

원유와 천연가스 산출지

댈러스   텍사스   휴스턴

선 벨트(Sun Belt)
'태양이 비치는 지대'라는 뜻으로 미국의 남부와 서부 지역을 말한다. 날씨가 연중 온화한 지역으로 실리콘밸리 등 첨단 산업이 발달하여 인구가 증가하고 있다. 특히 전통 공업 지역인 미국 북동부의 스노 벨트에서 많은 일자리와 사람들이 값싼 주거지와 좋은 환경을 갖춘 선 벨트 지역으로 이동하는 추세이다.

워싱턴 몬태나 노스다코타 미네소타
오리건 아이다호 와이오밍 사우스다코타 위스콘신 미시간 버몬트 펜실베이니아 코네티컷 메인
네바다 유타 콜로라도 네브래스카 아이오와 디트로이트(자동차) 뉴햄프셔 매사추세츠 로드
샌프란시스코 캘리포니아 애리조나 뉴멕시코 캔자스 시카고 오하이오 뉴욕 피츠버그(철강) 뉴욕 아일랜드
로스앤젤레스 북위 37도선 이남 오클라호마 미주리 켄터키 웨스트 버지니아 뉴저지 델라웨어 메릴랜드 버지니아
댈러스 텍사스 아칸소 태네시 애틀랜타 조지아 노스 캐롤라이나 사우스 캐롤라이나
휴스턴 미시시피 루이지애나 플로리다 앨라배마

리 호, 온타리오 호) 주변은 철과 석탄 자원이 풍부했는데, 이것이 주변의 수로 교통과 연결되면서 공업 중심 지역이 되었다.

하지만 1970년대 이후, 세계 경제가 활성화되는 가운데 인건비가 저렴한 해외와 남부로 산업 시설이 이전되면서 미국에는 산업 공동화 현상이 진행되었다. 이로 말미암아 과거 미국 경제를 견인했던 이 지역의 산업은 쇠퇴하기 시작했다. 게다가 지역의 기후도 추웠기 때문에 더 이상 발전하지 못한 채 '프로스트 벨트(frost-belt)'라는 쓸쓸한 이름으로 불리게 되었다.

제2차 세계대전 이후 첨단 산업이 집중된 남부 지역의 '선 벨트'

제2차 세계대전에서 미국은 영국과 소련, 중국을 지원해 독일과 일본, 이탈리아와 전선을 형성하고 '민주주의'라는 슬로건을 내걸고 싸웠다. 미국은 전쟁의 피해를 전혀 입지 않고 세계의 '무기고'와 '식량고' 역할을 하며 경제가 비약적으로 발전했다.

세계에 존재하는 금 가운데 4분의 3 이상을 확보했으며, 세계 유일의 핵보유국이 된 미국은 피폐해진 유럽과 일본의 경제 재건에 앞장섰다. 금과 교환할 수 있는 유일한 통화 '달러'를 세계 기축통화로 인지시켰으며, 대국을 주도하는 국제연합(UN)의 리더가 되었다.

제2차 세계대전 중에는 서해안을 중심으로 군수 산업이 발달했다. 특히 스탠퍼드 대학이 산업 개발의 중심이 되면서 1970년대 이후 이 대학에서 배출된 인재를 중추로 하여, 샌프란시스코 교외의 실리콘밸리에서 전자 산업이 급속히 성장했다.

또 제2차 세계대전부터 냉전 시대 동안 군수 산업이 집중된 남부 여러 주에서 항공우주 산업과 전자 산업 등의 첨단 기술 산업이 발달하여, 이곳은 미국의 새로운 경제를 견인하는 역할을 하게 되었다. 이 최첨단 공업 지역을 '선 벨트(sun-belt)'라고 하는데, 이 지역은 미국 경제의 중심이 된다.

게다가 실업자 증대로 고민하던 멕시코가 10분의 1 이하라는 저렴한 임금을 이용해, 국경 지역의 특정 도시에 미국의 공장을 유치하는 '마킬라도라'라는 제도를 시작했다. 이것은 특정 도시에서 제조된 제품이 미국에 수출될 경우, 미국에서 운반된 원재료에 관세를 부과하지 않고 통관 절차도 간단하게 처리하는 시스템이다. 이 시스템의 성공으로 두 나라의 결속 관계가 강화되었고, 1994년에는 NAFTA(북미 자유무역협정)가 성립되어 경제의 광역화가 이루어졌다.

중국의 부상과 미국의 견제로 전 세계로 확대되는 경제 전쟁

동구를 세력권으로 하여 아시아에 확산된 사회주의 국가를 이끄는 소련이 미국의 패권에 도전해, 1990년대 초반까지 핵무기 등의 대량 파괴무기를 양산하면서 세계는 '냉전 시대'에 돌입했다.

한편, 미국은 한국 전쟁과 베트남 전쟁 등을 통해 세계 질서를 유지하고자 했으나 베트남 전쟁에서 실패하면서 1970년대 초반에는 달러와 금을 교환할 수 없을 정도가 되었다. 이로 인해 압도적인 경제적 우위를 잃고 말았다. 오늘날의 미국은 세계 최대의 대외 채무국이며, 무역도 적자를 내고 있다. 다시 말해 이미 제2차 세계대전부터 1960년대까지 보여줬던 압도적인 우위를 유지하지 못하고 있다.

하지만 미국은 지금도 여전히 걸프전과 아프가니스탄 전쟁, 이라크 전쟁과 같은 전쟁 행위와 군사력을 통해, 미국 중심의 새로운 세계 질서를 구축하려고 한다.

오늘날, 세계는 확실히 인터넷과 통신위성, TV 네트워크 등에 의한 정보 혁명, 전 세계를 하나로 연결하는 컨테이너(container) 수송의 대량 운송 시스템 형성, 식품 보존 기술의 진보와 세계적 규모의 IT 혁명으로 인해 인류가 활동하는 무대가 전 세계로 확대되고 있다. 바로 이런 변화가 19세기의 영국에서 산업혁명이 발생해 영국이 전 세계 경제를 견인했던 것처럼 미국의 주도로 진행되고 있는 것인지, 아니면 지금까지 인류사에서는 보지 못했던 새로운 과정을 걷게 될 것인지 아직 확실히 예측할 수 없다. 하지만 중국의 부상과 미국의 견제 정책으로 인해 전 세계 각지에서 새로운 형태의 마찰을 일으키고 있다는 것만큼은 분명해 보인다.

영국의 연방국으로 출발,
미국의 동반자로 경제 발전

영국과 프랑스, 스페인 등 열강들이 잇달아 캐나다에 진출

남한 면적의 100배를 자랑하는 캐나다(Canada)는 영국 연방에 속하는 10개 주와 3개의 준주로 구성된 연방 국가이며, 면적은 러시아에 이어 세계에서 두 번째로 크다. 캐나다는 원주민인 이로코이인의 언어로 마을 또는 취락을 뜻하는 '카나타(Kanata)'를 어원으로 하며, 현재 세계 굴지의 식량 수출국이다.

유럽인의 캐나다 진출은 1497년에 영국의 지원을 받은 이탈리아 출신의 탐험가 존 카보트(John Cabot)가 뉴펀들랜드 섬(Newfoundland ; '새롭게 발견한 땅'이라는 뜻)을 발견하면서 시작되었다. 참고로 이 탐험은 영국이 캐나다를 식민지로 영유할 때의 논거가 된다.

하지만 1530년대에 접어들면서, 아시아로 가는 항로를 찾는 프랑스 탐험가 카르티에가 세인트로렌스 강을 거슬러 올라가 이 땅을 프랑스령으로 한다고 선언한다. 그 뒤 뉴펀들랜드 먼바다에 위치한 그랜드뱅크스(Grand Banks : 폭 560킬로미터의 광대하고 수심이 얕은 해역)가 질 좋은 대구 어장이라는 사실이 밝혀지면서 영국과 프랑스, 스페인, 포르투갈이 잇달아 진출했다.

바이킹 이후 북아메리카에 최초로 상륙한 존 카보트, 1762년, 지스티노 메네스 카디

또 다량으로 포획할 수 있는 비버의 모피에 눈독을 들인 프랑스는 프랑스인 정착자에게 교역의 독점권을 주면서 북미에 제국을 만들기를 원했다. 이윽고 프랑스에서는 1604년, 아카디아(Acadia : 캐나다의 대서양 연안 남부, 영국도 영유권을 주장해 '노바스코샤'라고 부름)에 모피 교역소를 건설했다. 그리고 1627년에 루이 13세의 재상 리슐리외는 퀘벡(원주민의 말로 '강이 좁아지는 곳'이라는 뜻)에 모피 거래 거점을 마련했고, 뉴프랑스 회사에 모피 거래 독점권을 주면서 뉴프랑스 식민지를 건설했다. 17세기 후반에는 몬트리올(Montreal : 프랑스어로 '왕의 산'이라는 뜻)에도 새로 교역소가 설치되었고, 뉴프랑스 인구는 약 8,000

명으로 늘어났다.

한편, 영국도 1670년에 허드슨 만 회사(탐험가 헨리 허드슨에서 유래)에 특허장을 교부하면서 허드슨 만 연안에 식민지를 건설했다. 이리하여 프랑스의 루이지애나와 영국의 13개 식민지를 포함해, 북미 지역에서 영국과 프랑스의 세력 경쟁이 더 치열해졌다. 그러나 1763년에 체결한 '파리 조약'에 근거하여 영국은 프랑스로부터 캐나다 영토를 획득한다.

캐나다 인구의 4분의 3은 추위 피해 미국의 국경 지대에 거주

미국의 독립 전쟁 시기에 영국은 캐나다로 망명한 미국인 5만 명을 받아들였고, 더불어 캐나다에 거주 중인 프랑스계 주민의 기득권

캐나다 뉴펀들랜드 섬에 위치한 그랜드뱅크스는 래브라도 해류와 멕시코 만류가 만나는 세계 최대의 어장이다.

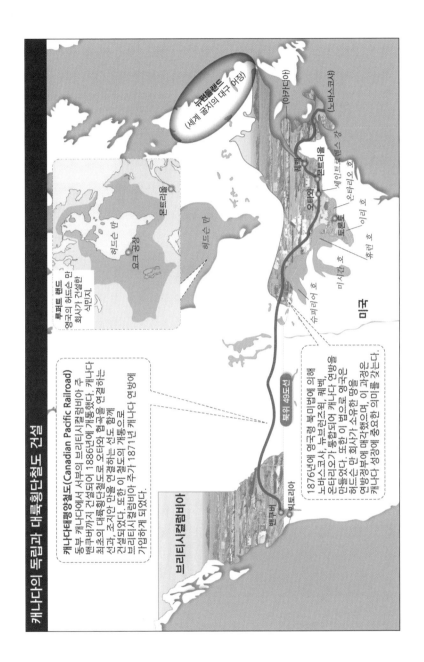

캐나다의 독립과 대륙횡단철도 건설

캐나다태평양철도(Canadian Pacific Railroad)

동부 캐나다에서 서부의 브리티시컬럼비아 주 밴쿠버까지 건설되어 1886년에 개통했다. 캐나다 최초의 대륙횡단철도로 오타와와 협곡을 연결하는 선과, 조지안 만을 연결하는 선도 함께 건설되었다. 또한 이 철도의 개통으로 브리티시컬럼비아 주가 1871년 캐나다 연방에 가입하게 되었다.

루퍼트 랜드
영국의 허드슨 만 회사가 건설한 식민지.

뉴펀들랜드
(세계 굴지의 대구 어장)

1876년에 영국령 북미법에 의해 노바스코샤, 뉴브런즈윅, 퀘벡, 온타리오가 통합되어 캐나다 연방이 만들어졌다. 또한 이 법으로 영국은 허드슨 만 회사가 소유한 땅을 연방정부에 매각했으며, 이 과정은 캐나다 성장에 중요한 의미를 갖는다.

미국

북위 49도선

브리티시컬럼비아

밴쿠버
빅토리아

(아카디아)
(노바스코샤)

퀘벡
몬트리올
오타와
세인트로렌스 강
온타리오 호
토론토
이리 호
휴런 호
미시간 호
슈피리어 호

허드슨 만
요크 공장
몬트리올

을 인정했다. 그리고 영국에서 독립한 미국과 캐나다를 분리하여 아메리카 대륙에 캐나다 식민지만이라도 유지하고자 했다.

1867년이 되면서 '영국령 북아메리카 조례(The British North America Act : BNAAct)'가 발효되었고, 인구 약 370만 명(이 가운데 약 100만 명이 프랑스인)의 영국 자치령인 캐나다(Dominion of Canada)가 탄생했다.

그리고 1886년, 캐나다태평양철도라는 캐나다의 대륙횡단철도가 건설되면서 광대한 지역이 점차 하나로 연결되어갔다.

캐나다는 20세기에 접어들어서는 영국을 멀리하고 미국과 밀접한 관계를 맺어갔다. 현재 캐나다는 수출의 80%, 수입의 3분의 2를 미국에 의존하고 있다. 이런 경제 관계와 더불어 추운 북쪽 지역을 피하기 위해, 오늘날 캐나다 인구의 4분의 3은 미국과의 국경 지대에 거주하고 있다.

독립 투표까지 실시했던 복잡한 퀘벡 문제

프랑스가 건설한 식민지가 영국령으로 바뀐 역사적 경위 때문에 캐나다에는 원주민과 프랑스인, 영국인이 서로 복잡하게 대립하고 있다. 캐나다 전체 인구 중 프랑스계 주민이 23%를 차지하고, 영어 외에 프랑스어도 공용어로 하고 있다는 사실만 봐도 그들의 복잡한 역사를 알 수 있다. 특히 프랑스인의 약 85%가 캐나다 동부 퀘벡 주에 밀집해 있는 데다, 주(州) 인구의 약 80%가 프랑스계이므로 이 주에서는 프랑스어가 주요 언어가 되었다.

1960년대 이후에는 퀘벡 주를 캐나다에서 분리 독립시키려는 운동이 일어나 두 번에 걸쳐 주민투표도 실시했다. 1995년 투표에서는 분리 독립에 반대하는 사람이 50.6%로 간발의 차이로 승리해 캐나다에 속하게 되었다.

퀘벡 주 남부에 위치한 캐나다 최대 도시인 몬트리올('왕의 산'이라는 뜻)도 프랑스인이 많은 도시인데, 영국계 주민의 힘도 만만치 않아 프랑스 기업이 몬트리올에서 온타리오 주 토론토로 이전하고 있다. 그런 와중에 영국계 주민들이 퀘벡 주에서 몬트리올을 분리시키려는 운동도 일어나 문제가 복잡해지고 있다.

퀘벡에 도착한 사뮈엘 드 샹플랭(프랑스의 탐험가이자 캐나다 식민지 개척가로 뉴프랑스의 아버지로 불린다), 1909년, 조지 애그뉴 리드

'13개 식민주'의 지명은
어떻게 탄생했나?

미국은 원주민(인디언) 거주지에 유럽 이민자들이 진출해 만들어낸 50개 주로 구성된 거대 국가이다. 재미있게도 그 주(州) 이름의 유래를 조사해 보면 미국이 성립된 과정을 알 수 있다.

동부 해안에 영국계 이민자들이 17세기~18세기 중반에 걸쳐 건설한 13개 식민지는 특허회사 경영과 왕령 식민지, 영주 식민지 이렇게 셋으로 나눌 수 있다.

처녀 왕 엘리자베스 1세에서 유래한 가장 오래된 식민지인 '버지니아(1607년에 건설)'를 비롯해, 찰스 1세의 왕비이며, 가톨릭 보호자인 마리아(Maria)에서 유래한 '메릴랜드', 국왕 조지 2세에서 유래한 '조지아'의 3개 식민지는 모두 왕명에서 유래했다. 특히 '사우스캐롤라이나(South Carolina)'와 '노스캐롤라이나(North Carolina)'는 본래 프랑스 샤를 9세의 이름에서 따온 프랑스인의 거주 지역이었지만, 1608년에 영국령이 되면서 영국 왕 찰스 2세 때 라틴어인 '캐롤라이나'로 고쳤다.

식민지 지배자에서 유래한 지명은 '델라웨어(Delaware ; 초대 총독의 이름)'와 '펜실베이니아(Pennsylvania ; 퀘이커 교도 윌리엄 펜의 '숲의 땅(sylvania)'에서 유래)', '뉴저지(New Jersey ; 영국 저지 섬 출신자에게 토지를 주었기 때문)'가 있으며, '뉴욕(New York)'도 마찬가지이다. 참고로 뉴욕은 본래 네덜란

영국의 상인 스미스의 목숨을 구하는 포카 혼타스(버지니아가 영국령 식민지이던 시절에 부족 추장의 딸로, 최초로 영국인과 결혼했다)

드의 식민지로 '뉴암스테르담(New Amsterdam)'이라고 불렸는데, 1664년 영국군이 접수해 요크 공에게 줌으로써 그의 이름이 지명의 유래가 되었다. '뉴햄프셔(New Hampshire)'는 이 지역을 받은 존 메이슨(John Mason)의 출신지인 영국의 햄프셔에서 유래했다. 이 밖에도 매사추세츠에서 분리된 섬을 받은 목사가 과거 이탈리아인이 저술한 《항해기》에서 이 섬을 로도스 섬과 비슷한 섬이라고 기술한 것에서 따와 명명한 '로드아일랜드(Rhode Island ; 미국에서 가장 작은 주)'가 있다.

원주민의 지명에서 유래한 것은 아르곤킨어(語)로 '큰 언덕 기슭'을 의미하는 '매사추세츠(Massachusetts)'와, 모히칸(Mohican)어로 '긴 강'을 뜻하는 '코네티컷(Connecticut)'뿐이다. 하지만 이후 19세기에 서부로 이주하면서 잇따라 탄생한 여러 주의 지명에는 원주민 말에서 유래한 것들이 압도적으로 많다.

2장

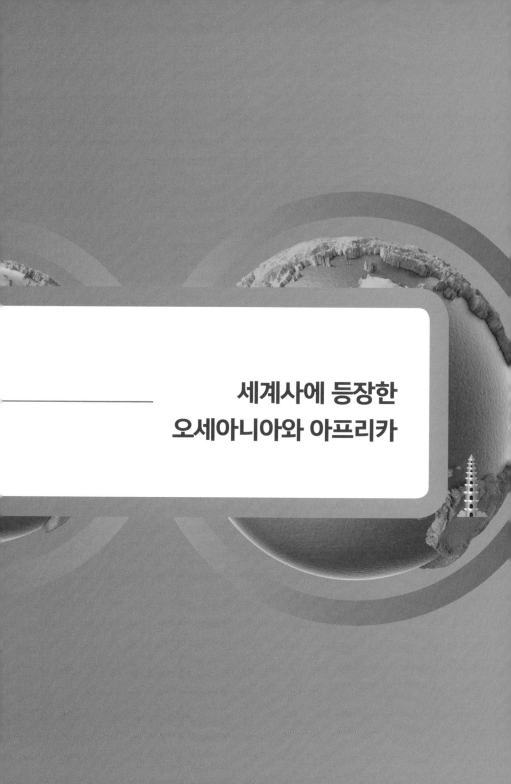

세계사에 등장한
오세아니아와 아프리카

영국이 오스트레일리아,
네덜란드가 뉴질랜드 발견

'대양 속의 땅' 오세아니아를 유럽 강국이 식민지 편입

오스트레일리아와 뉴질랜드 등으로 구성된 지역을 '오세아니아'라고 한다. 이 말은 1810년경에 사용하기 시작했으며, 그와 동시에 오세아니아는 영국을 비롯한 유럽 강국들이 식민지 개척에 나서면서 '광의의 유럽' 세계로 편입되었다. 오세아니아는 라틴어의 '오케아누스(Oceanus ; 대양)'에 지명 접미사 'ia'를 붙인 것으로 '대양 속의 땅'이라는 뜻이다. 나중에 이 명칭이 영어화되면서 '오세아니아'로 변한다.

남반구의 고위도 해역은 '울부짖는 40도'라고 불릴 정도로 1년 내내 바다가 거칠기 때문에 항해하기가 매우 힘들다. 유럽에서 미국 대륙 최남단인 마젤란(Magellan) 해협을 통과해 태평양으로 접어들

오세아니아는 17~18세기에 서구 열강이 식민지 개척

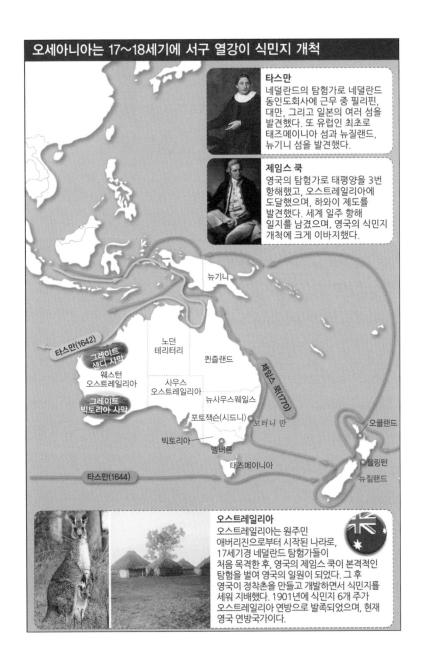

타스만
네덜란드의 탐험가로 네덜란드 동인도회사에 근무 중 필리핀, 대만, 그리고 일본의 여러 섬을 발견했다. 또 유럽인 최초로 태즈메이니아 섬과 뉴질랜드, 뉴기니 섬을 발견했다.

제임스 쿡
영국의 탐험가로 태평양을 3번 항해했고, 오스트레일리아에 도달했으며, 하와이 제도를 발견했다. 세계 일주 항해 일지를 남겼으며, 영국의 식민지 개척에 크게 이바지했다.

뉴기니

타스만(1642)
그레이트 샌디 사막
웨스턴 오스트레일리아
그레이트 빅토리아 사막
노던 테리터리
퀸즐랜드
사우스 오스트레일리아
뉴사우스웨일스
포토잭슨(시드니)
보터니 만
제임스 쿡(1770)
오클랜드
빅토리아
멜버른
태즈메이니아
웰링턴
타스만(1644)
뉴질랜드

오스트레일리아
오스트레일리아는 원주민 애버리진으로부터 시작된 나라로, 17세기경 네덜란드 탐험가들이 처음 목격한 후, 영국의 제임스 쿡이 본격적인 탐험을 벌여 영국의 일원이 되었다. 그 후 영국이 정착촌을 만들고 개발하면서 식민지를 세워 지배했다. 1901년에 식민지 6개 주가 오스트레일리아 연방으로 발족되었으며, 현재 영국 연방국가이다.

면, 1년 내내 불어대는 강풍과 북으로 흐르는 훔볼트 해류의 영향을 심하게 받기 때문에 계속 서쪽으로 진행하기가 어려웠다. 이 때문에 이 지역의 육지 분포가 좀처럼 밝혀지지 않았던 것이다.

그러나 1642년, 네덜란드인 타스만(Abel Tasman)이 당시 남반구에도 존재할 것이라고 생각했던 '미지의 남쪽 대륙(테라 아우스트랄리스 인코그니타 : Terra Australis Incognita)'을 찾아 남위 50도에서 42도의 해역을 항해하다가 대륙을 발견했다. 그는 이 육지를 네덜란드 남부의 '젤란트(바다의 땅)'라는 이름에서 따와 '뉴젤란트'라고 명명했다. 이것이 영어화되면서 오늘날의 '뉴질랜드'가 되었다.

뉴질랜드에 대한 영국인의 식민은 1840년에 시작되었으며, 최초의 수도는 남태평양 교통의 요충지인 오클랜드(Auckland ; 도시 기반을 단단하게 만든 인도 총독 이름에서 유래)였고, 1865년에 웰링턴 만 안쪽에 개척된 신도시 웰링턴(Wellington)으로 옮겼다. 웰링턴은 워털루 전투에서 나폴레옹을 격파한 장군인 웰링턴(Arthur Wellington)에서 유래했다.

오스트레일리아의 지명은 정복자 영국인의 이름이 많다!

면적이 남한의 77배나 되는 오스트레일리아는 국토의 3분의 1이 사막이거나 반사막인 '건조한 대륙'이다. 또 평균 고도가 330미터라는 사실에서도 알 수 있듯이 평탄한 대지와 평원으로 이루어진 나라이기도 하다. 국토의 절반 이상이 목장과 목초지이고, 1인당 경지 면

시드니 만의 북쪽 풍경, 1794년, 토마스 와틀링

적이 1,100헥타르로 한국의 2,750배가 넘는다.

유럽인이 오스트레일리아의 존재를 알게 된 시기는 얼마 되지 않았다. 영국 항해사 쿡(James Cook) 선장이 오늘날 오스트레일리아의 시드니 남쪽 보터니(Botany) 만에 들어간 것이 1770년의 일이기 때문이다. 그리고 같은 해 영국은 이 땅의 영유권을 선언한다.

쿡 선장은 자신이 최초로 도달한 땅을 지도상에 표기할 때, 해안지대의 풍경이 영국의 웨일스 지방과 비슷하다고 하여, '뉴사우스웨일스(New South Wales ; 새로운 남반구의 웨일스)'라고 명명했다.

미국의 독립 전쟁으로 13개 식민지를 잃은 영국의 식민지장관 시드니는 보터니 만 주변을 유형지로 선택했다. 1788년 1월, 11척의 영국 선단(船團)이 1,030명(그중 유형수는 726명)을 태우고 보터니 만에 도착하였고, 이 보터니 만의 북쪽 후미로 들어간 일행은 식민지장관의 이름을 참고하여 새로 구축한 항에 '시드니(Sydney)'라고 이름 붙인다. 현재 시드니 항은 '세계 3대 미항'의 하나로 알려져 있다.

그 뒤 1802년에 대륙을 일주한 탐험가 플린더스(Matthew Flinders)가 지도를 작성할 때 이 대륙에 '미지의 남방 대륙(테라 아우스트랄리스 인코그니타 ; Terra Australis Incognita)'이라는 이름을 사용했는데, 영국 해군성이 이를 승인해 '오스트레일리아'의 지명이 지도에 최초로 기록되었다. 이처럼 오스트레일리아의 지명은 생긴 지 200년이 갓 지난 상태이다. 물론 이전까지는 원주민 애버리진이 평화롭게 살았던 지역이다.

1850년대 초반에는 남부의 빅토리아(당시 여왕의 이름) 식민지가 개척되었는데, 이 식민지의 중심 도시는 멜버른(Melbourne ; 당시 총리 이름)이었다.

1851년이 되자 뉴사우스웨일스의 블루마운틴에서 금광이 발견되어 1856년까지 6년 동안 금 50톤이 산출되었다. 이 금광은 1870년대 초반까지 계속 운영되었다. 이른바 오스트레일리아의 '골드러시'이다. 이때 광산 노동자로 중국인이 대거 이주하는데, 그 결과 1850년대에 약 40만 명이던 인구가 10년 뒤에 3배로 늘었다.

오스트레일리아의 지역과 도시 이름에는 식민지화에 관여했던 영국인들의 이름이 많다는 것이 특색이다.

자원이 적은 태평양 섬들을 무역 중계지로 이용했다

마젤란이 '마르 파시피코'로 명명, 마테오 리치가 '태평양'으로 한역

태평양은 지구상의 육지를 모두 삼켜버릴 정도로 거대한 바다이다. 태평양은 1520년에 마젤란이 명명한 마르 파시피코(Mar Pacifico ; 평화의 바다)'가 어원으로, 17세기 초반에 마테오 리치(Matteo Ricci)가 북경에서 '곤여만국전도(坤與萬國全圖)'라는 세계지도를 작성할 때 '태평양'이라고 한역한 뒤부터 이 한자 표기를 사용하고 있다.

태평양의 광대한 해역에 산재하는 섬들에 사람들이 정착하게 된 것은 해양 민족이 카누로 장거리를 이동하거나 이주했기 때문이다.

아시아에서 오스트레일리아, 뉴질랜드로 이주한 것은 약 3만 년에서 5만 년 전인 것으로 추정한다. 그리고 동남아와 중국 남부에서 뉴기니를 중심으로 한 '멜라네시아(Melanesia ; 주민의 피부가 햇볕에 타서

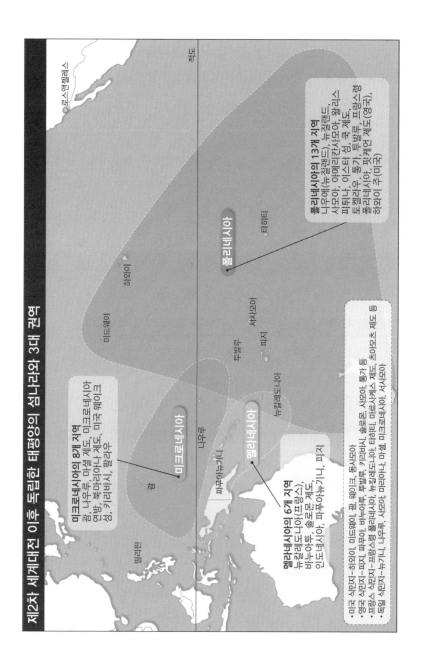

제2차 세계대전 이후 독립한 태평양의 섬나라와 3대 권역

적도

룬스앤젤레스

폴리네시아의 13개 지역
니우에(뉴질랜드), 뉴질랜드,
사모아, 아메리칸사모아, 월리스
파투나, 이스터 섬, 쿡 제도,
토켈라우, 통가, 투발루, 프랑스령
폴리네시아, 핏케언 제도(영국),
하와이 주(미국)

타히티

폴리네시아

하와이

미드웨이

서사모아

투발루

피지

미크로네시아의 8개 지역
괌, 나우루, 마셜 제도, 미크로네시아
연방, 북마리아나 제도, 미국 웨이크
섬, 키리바시, 팔라우

미크로네시아

괌

나우루

뉴칼레도니아

파푸아뉴기니

멜라네시아

필리핀

멜라네시아의 6개 지역
뉴칼레도니아(프랑스),
바누아투, 솔로몬 제도,
인도네시아, 파푸아뉴기니, 피지

· 미국 식민지─하와이, 미드웨이, 괌, 웨이크, 동사모아
· 영국 식민지─피지, 파푸아, 바누아투, 투발루, 키리바시, 솔로몬, 사모아, 통가 등
· 프랑스 식민지─프랑스령 폴리네시아, 뉴칼레도니아, 타히티, 마르사제도, 조이모츠 제도 등
· 독일 식민지─누기니, 나우루, 사모아, 마리아나, 마셜, 미크로네시아, 서사모아

검었으므로 그리스어로 '검은 섬'이라고 불렀다)'나 동쪽의 이스터(Easter) 섬처럼 넓은 해역의 '폴리네시아(Polynesia ; 그리스어로 '많은 섬들'이라는 뜻)', 또는 키리바시, 마셜 군도 등 적도 이북의 화산섬과 산호초로 구성된 '미크로네시아(Micronesia ; 작은 섬이 많기에 지어진 이름으로 그리스어로 '극소의 섬'이라는 뜻)'로 이주하기 시작한 것은 6000년 전이었다. 참고로 북쪽의 하와이에는 7세기경에 도달한다.

덧붙여 '폴리네시아'는 16세기에 포르투갈인이 명명했고, '멜라네시아'와 '미크로네시아'는 독일 민족학자인 바스티안(Adolf Bastian)이 이름 붙인 것이다.

태평양 제도에 대한 전면적인 식민화는 19세기에 시작되었다

1828년부터 1900년에 걸쳐 유럽인들이 태평양의 섬들을 정복하고 식민지로 만들어 지배했다. 당시 섬에 거주하던 원주민들은 바다에 둘러싸인 채 오랜 세월 동안 격리된 상태에서 생활한 데다 인구도 적었기 때문에 저항하지 못했다.

식민지 개척에 나선 종주국은 영국과 프랑스, 독일, 미국이었고, 예외적으로 뉴기니 섬 서반부를 네덜란드가 영유했다.

가장 먼저 이 해역에 진출한 스페인은 1898년의 미국-스페인 전쟁에서 패하자 자국의 식민지인 괌을 미국에 할양했고, 같은 해 마리아나 군도(스페인 필리페 4세의 비인 마리아 안나에서 유래)와 카롤링 군도(스페인 왕 카를로스 2세에서 유래)를 독일에 매각하고 철수했다.

필리핀과 멕시코 항로의 중계지 '괌' 지명의 유래

압도적인 무력을 보유한 유럽인이 태평양으로 진출하면서 태평양 해역의 섬은 괴멸적인 타격을 입는다.

유럽인과 오세아니아 세계가 처음으로 접촉한 것은 1521년, 스페인 마젤란 함대가 괌에 들렀을 때이다.

1565년, 레가스피(Miguel Legazpi)가 자국의 황태자 펠리페의 이름을 따서 필리핀이라고 명명한 군도를 스페인이 영유하게 되었다. 스페인은 이곳에서 마닐라와 멕시코의 아카풀코를 연결하는 갈레온 무역을 개시했다. 신대륙에서 나온 은을 찾아 마닐라를 방문한 중국의 복건성 상인과 비단과 일용품 등을 교역하기 시작하자, 스페인은 괌을 필리핀과 멕시코 항로의 중계지로 영유하게 되었다. 참고로 마젤란이 상륙하자마자 도둑을 만났다는 의미에서 이 섬을 '도둑 섬'이라고 불렀는데, 그 이후 유럽인들도 계속 이렇게 부르자, 원주민이 그들의 말로 "우리는 갖고 있다(guahan)"이라고 항의한 데서 '괌'라는 이름이 유래되었다.

하늘에서 내려다 본 괌 아프라 항

영국의 식민지 정책에 따라
태평양 섬들은 독립국 해방

제2차 세계대전 후 미국은 태평양 산호초에서 핵 실험 실시

제1차 세계대전에서 독일이 패배하자 국제연맹의 위임 통치령에 따라 일본(남양 위임 통치령)은 미크로네시아, 오스트레일리아는 뉴기니, 뉴질랜드는 사모아(Samoa)를 통치하게 되었다. 참고로 미크로네시아는 제2차 세계대전에서 일본이 패하면서 미국의 신탁 통치령이 된다.

태평양 전쟁에서는 하와이를 포함한 태평양 세계 전체가 미국과 일본의 결전의 장이 되었고, 태평양 해역이 치열한 전쟁터로 바뀌었다. 특히 솔로몬(Solomon) 제도의 과달카날(Guadalcanal)과 미크로네시아 길버트 제도의 타라와(Tarawa), 마셜 제도, 사이판(Saipan), 괌, 팔라우(Palau)는 미일 양국 군의 격전지가 되었다. 일본 해군의 근거지인

트럭 섬(오늘날의 튜크 섬)도 미군의 맹공격을 받았다.

그리고 제2차 세계대전 후 미국과 소련 간의 냉전이 심화되자, 북태평양과 남태평양은 핵 실험장으로 이용되었다. 미국의 신탁 통치령이 된 북태평양 마셜 제도의 동서 33킬로미터와 남북 17킬로미터의 초호(礁湖, 산호초 때문에 섬 둘레에 바닷물이 얕게 괸 곳)를 둘러싼 36개 산호초로 이루어진 비키니 환초, 에니위톡 환초(직경 36킬로미터의 초호를 약 40개의 산호초가 둘러싸고 있다)은 핵 실험장이 되었고, 이에 따라 주민은 강제로 이주해야 했다.

현재도 프랑스가 남태평양 바닷속에 잠긴 사화산(死火山) 주변의, 길이 약 30킬로미터인 무루로아 환초에서 핵 실험을 하고 있다.

제2차 세계대전 후, 전 세계를 강타한 식민지 해방의 소용돌이 속에서 태평양 해역의 식민지도 잇달아 독립을 이루었다.

이처럼 태평양 해역의 식민지들이 독립할 수 있었던 가장 큰 요

핵 실험이 이루어지고 있는 비키니 환초, 1946년, ⓒ 미국 국방부

태평양 전쟁 이후 영국령에서 독립한 9개 섬나라들

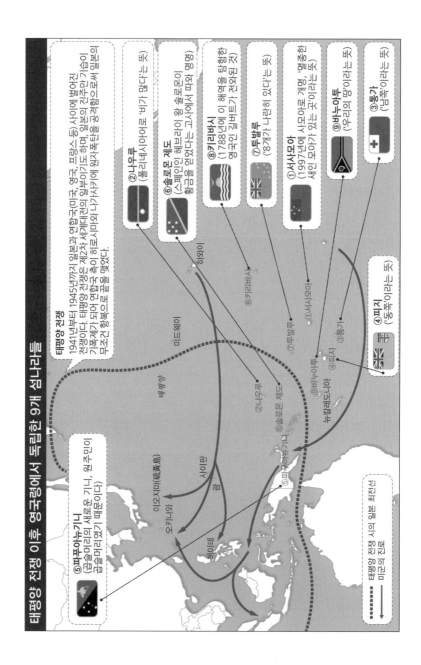

태평양 전쟁

1941년부터 1945년까지 일본과 연합국(미국, 영국, 프랑스 등) 사이에 벌어진 전쟁이다. 태평양 전쟁은 제2차 세계대전의 일부이기도 하며, 일본의 진주만 기습이 기폭제가 되어 연합국 측이 히로시마와 나가사키에 원자폭탄을 공격함으로써 일본의 무조건 항복으로 끝을 맺었다.

②나우루
(폴리네시아어로 '바가 많다'는 뜻)

⑥솔로몬 제도
(스페인인 헤르나라 왕 솔로몬이 황금을 얻었다는 고사에서 따온 명명)

⑧키리바시
(1788년에 이 해역을 탐험한 영국인 길버트가 전와된 것)

⑦투발루
('8개가 나란히 있다'는 뜻)

①서사모아
(1997년에 사모아로 개명, '열중한 새인 모아가 있는 곳'이라는 뜻)

⑨바누아투
(우리의 땅'이라는 뜻)

③통가
('남쪽'이라는 뜻)

④피지
('동쪽'이라는 뜻)

• 하와이
• ⑧키리바시
미드웨이
• 태평양
• ⑦투발루
• ②나우루
• ⑥솔로몬 제도
• ①서사모아
• ⑨바누아투
뉴칼레도니아
• ④피지
• ③통가
• ⑤파푸아뉴기니
시아이판
괌
이오지마(硫黃島)
오키나와
레이테

⑤파푸아뉴기니
(근슬머리의 새로운 기니, 원주민이 곱슬머리였기 때문이다)

┄┄┄┄ 태평양 전쟁 시의 일본 최전선
───→ 미군의 진로

96 — 지도로 읽는다 지리와 지명의 세계사 도감

비키니 환초에서 미국 해군이 헬리콥터로 방사능 조사를 하고 있다. ⓒ 미국 연방정부

인은 바로 영국이 식민지 해방 정책을 펼친 것이다. 따라서 1962~
1980년에 걸쳐 영국의 식민지였던 9개 나라가 독립을 달성했다.

　한편, 미국 지배하에 있던 미크로네시아의 마셜 군도와 미크로네
시아 연방, 팔라우는 안전 보장에 관한 부분은 여전히 미국의 영향력
아래 있지만, 내정과 외교의 자치권은 자국에 있는 자유연합으로 결
성되었다. 이 밖에 하와이는 미국에 병합되어 50번째 주가 되었으며,
괌과 사모아는 미국령이다.

　한편 프랑스령인 폴리네시아와 뉴칼레도니아(New Caledonia), 왈

리에푸투나는 프랑스의 해외 영토가 되었다. 반면 칠레령인 이스터 (Easter) 섬 등의 작은 섬들은 아직 독립하지 못한 상태이다. 현재 독립을 달성한 국가들은 피지(Fiji)를 제외하고는 대부분 경제적인 자립이 큰 과제가 되고 있다.

포르투갈 등 서구 열강은
대항해 시대부터 식민 침략

아프리카는 500년 동안 유럽의 식민지 침탈과 민족 분쟁으로 고통

세계 인구의 약 13%인 8억 명 정도가 53개 국가에 나뉘어 생활하고 있는 지역, 아프리카는 전 세계 육지 면적의 약 22%를 차지하는 세계 제2위의 대륙이다. 이곳은 적도를 사이에 두고 남북으로 8,050킬로미터, 동서로 7,560킬로미터에 걸쳐 장대하게 펼쳐져 있다. 전체 면적의 80%가 적도를 중심으로 한 남북회귀선 안에 포함되어 있어 사막과 사바나(savanna), 열대 우림 지역이 많다. 또한 거의 고지대이며, 세계에서 가장 큰 사하라(Sahara) 사막을 경계로 북아프리카의 이슬람 지역과 사하라 사막 이남의 흑인 지역으로 나누어져 있다.

하지만 최근 500년 동안 아프리카는 유럽인에 의한 식민지화와 민족 분쟁의 영향으로 장기간 사회가 정체되어 있었다. 현재도 정치적

아프리카 탄자니아의 얼룩말과 세렝게티의 사바나, 2005년, ⓒ 게리, W-C

인 분쟁이 끊이지 않는 가운데, 경제적으로는 풍부한 광산 자원과 1
차 산업의 수출에 의존하고 있을 뿐이다.

　수천 개의 민족과 100개 이상의 언어가 공존하는 아프리카는 로마
제국 이후로 유럽의 식민지가 되었고, 1950년대에 해방되는 과정에
서 53개 국가가 성립되었다. 세계지도로 이 53개 국가의 국경을 확
인해보면, 아프리카에는 국경선이 직선으로 되어 있는 부분이 많다
는 사실을 알 수 있다. 그것은 19세기 말부터 20년 동안 아프리카가
'광의의 유럽' 세계로 편입되는 과정에서 유럽인들이 책상 위에 지도
를 펼쳐놓고 자를 대고 마음대로 선을 그어 국경을 정하는 등 식민지
침략을 일삼았기 때문이다. 이 국경은 아프리카의 복잡한 민족과 언
어, 종교 등을 전혀 고려하지 않은 채 만들어진 것으로, 훗날 이 국경
그대로 해방을 맞게 된 아프리카 각국에서 민족 분쟁이 끊이지 않는
요인이 되기도 한다.

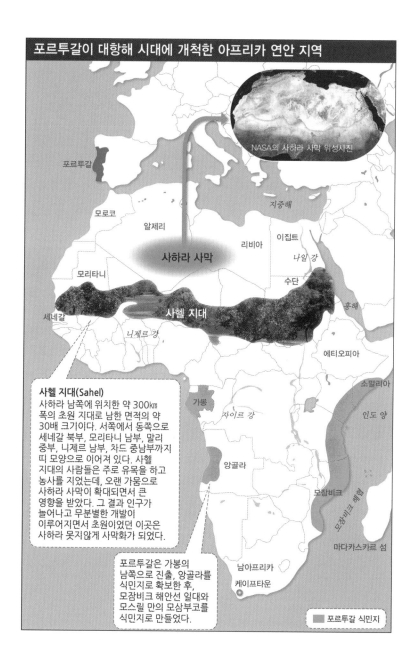

포르투갈이 대항해 시대에 개척한 아프리카 연안 지역

NASA의 사하라 사막 위성사진

포르투갈

모로코

알제리

지중해

리비아

이집트

나일 강

사하라 사막

모리타니

수단

세네갈

사헬 지대

홍해

니제르 강

에티오피아

사헬 지대(Sahel)
사하라 남쪽에 위치한 약 300㎞
폭의 초원 지대로 남한 면적의 약
30배 크기이다. 서쪽에서 동쪽으로
세네갈 북부, 모리타니 남부, 말리
중부, 니제르 남부, 차드 중남부까지
띠 모양으로 이어져 있다. 사헬
지대의 사람들은 주로 유목을 하고
농사를 지었는데, 오랜 가뭄으로
사하라 사막이 확대되면서 큰
영향을 받았다. 그 결과 인구가
늘어나고 무분별한 개발이
이루어지면서 초원이었던 이곳은
사하라 못지않게 사막화가 되었다.

가봉

소말리아

인도 양

자이르 강

앙골라

모잠비크

마다가스카르 섬

포르투갈은 가봉의
남쪽으로 진출, 앙골라를
식민지로 확보한 후,
모잠비크 해안선 일대와
모스릴 만의 모삼부코를
식민지로 만들었다.

남아프리카

케이프타운

■ 포르투갈 식민지

포르투갈은 300만 명의 흑인 노예를 남북 아메리카로 수출

아프리카는 면적의 60%가 해발 600미터 이상인 고지대이며, 이런 상태가 해안선 근처까지 지속되고 있어서 오지(奧地)에 들어가기 힘들고, 또 해안선이 단순하게 형성되어 있어 좋은 항구도 없다.

유럽인이 아프리카를 식민지로 만들게 된 것은 포르투갈 엔리케 항해왕자의 아프리카 서안 탐험 사업이 계기가 되었다. 식민지가 된 아프리카에서는 15세기부터 약 400년 동안 많은 흑인이 남북 아메리카에 노예로 수출되었다. 하지만 1870년경까지 유럽이 식민화한 지역은 해안 연안에 한정되어 있었기 때문에 아프리카 전체 국토의 10%에 불과했다.

포르투갈은 상상의 대기독교국인 '프레스타 존의 나라'를 찾아 1483년에 아프리카 남서부 가봉(Gabon ; 포르투갈어로 '외투'라는 뜻) 남쪽에 진출해, 광대한 앙골라(왕의 존칭 '웅고라'가 포르투갈어화된 것)를 식민지로 확보했고, 노예 300만 명을 남북 아메리카로 보냈다. 또 희망봉을 경유해 인도를 향해 북상할 때 통과하는 모잠비크 해협 (Mozambique Channel ; 아프리카와 마다가스카르 섬 사이)에 접한 약 2,470 킬로미터의 해안선과, 천혜의 항구가 있는 모잠비크(이슬람 상인의 호칭으로 '정박하는 땅'이라는 뜻) 중심인 모스릴 만에 있는 작은 섬의 항구인 '모삼부코(반투어로 '배가 모이는 곳'이라는 뜻)'를 이슬람 상인에게서 빼앗아 식민지로 만들었다.

네덜란드는 아프리카 최남단에 아시아 무역 중계 기지로 케이프

(Cape ; '곶'이라는 뜻) 식민지를 구축했고, 이곳에 많은 네덜란드인을 이주시켰다. 참고로 이 땅에 이주한 네덜란드인을 '부아인(부르인, '농민'이라는 뜻)'이라고 부른다.

영국은 기니(Guinea ; 베르베르어로 '흑인의 땅'이라는 뜻) 만에 접한 골드코스트(Gold Coast ; 황금 해안)를 식민지로 삼았고, '빈 회의' 이후에 케이프 식민지를 지배했다.

프랑스는 1830년대에 지중해 맞은편에 있고 오스만령이었던 알제리(Algeria ; '도서(島嶼)'라는 뜻, 알제리는 연안의 4개 섬에서 출발)와, 17세기 후반에 건설된 생 루이('루이 14세'의 이름에서 유래)를 수도로 하는 아프리카 최서단의 세네갈(Senegal ; '강'이라는 뜻) 정복을 추진했다.

참고로 오늘날의 세네갈 수도인 다카르(Dakar ; '대추야자'라는 뜻)는 세계에서 가장 가혹한 자동차 경주로 알려진 파리 – 다카르(Paris – Dakar) 랠리의 종착점이다.

아프리카에 '흑인'이라는 뜻의 국명이 많은 이유는?

사하라 사막 남쪽의 흑인 세계는 800개 이상의 다양한 언어를 사용하고, 1,000개 이상의 부족이 존재한다. 따라서 아프리카 국가들 가운데는 국명이 '흑인'을 의미하는 나라가 많다.

고대 문명이 번성한 에티오피아에서는 흑인과 함인, 셈인 간에 혼혈(混血)이 이루어졌기 때문에, 에티오피아는 아랍어로 '혼혈'을 의미하는 단어에서 유래한 '아비시니아(Abyssinia)'라는 이름으로 불렸다. 그러다가 1941년에 그리스어로 '얼굴이 햇볕에 탄 사람들이 살고 있는 땅'이라는 의미의 '에티오피아'라고 불리게 되었다.

또 에티오피아의 북쪽에 위치한 수단(Sudan)은 아랍어의 '흑인의 나라'에서 유래했다. 과거 아랍인은 흑인이 사는 땅을 '수단'이라고 총칭했기 때문에, 북아프리카 전체가 '수단'이라고 불렸다. 아프리카 서부를 흐르는 니제르(Niger ; '강 속의 강'이라는 뜻) 강 유역을 '서(西)수단'이라고 부른 것도 이 때문이다.

다음으로 에티오피아 동쪽의 홍해에 접한 소말리아(Somalia)도 누비아어(Nubian)로 '검은 사람들'이라는 뜻이다. 이 땅에서 특산품으로 나는 '유향'이라는 향료를 거래했던 아랍인이 흑인을 가리켜 '소말리'라는 호칭을 사용했고, 1960년에 독립했을 때 라틴어의 지명 접미사 'ia'를 붙여 '소말리아'라고 부르게 된 것이다.

게다가 아프리카 북서부, 사하라 사막의 서쪽 끝에는 모리타니(Mauritania)라는 나라가 있는데, 이 이름은 주민인 모르인에서 유래했고, '모르인의 나라'라는 뜻이다. '모르'의 어원은 그리스어에서 '검은'을 의미하는 '마우로스'로, 결국 모리타니 역시 '흑인의 나라'라는 뜻이다.

서구 열강들이 아프리카를 '주인 없는 땅'으로 선언!

왜 리빙스턴의 탐험이 아프리카 분할의 계기가 된 것일까?

1880년부터 1900년까지의 20년 동안은 아프리카에 거주하는 사람들에게 매우 힘든 수난의 시대였다.

1870년대에 유럽 국가들은 광대한 아프리카 대륙 가운데 해안선을 따라 일부만을 지배하면서 이곳을 '암흑 대륙(The Dark Continent)'이라고 부르기는 했지만, 이곳의 내륙 지방은 이미 고유한 문화가 발달한 상태였다. 예를 들어 4세기에는 서아프리카에 20만 명의 군대를 상비한 가나(Ghana) 왕국이 탄생했고, 13세기경에는 인구가 5,000만 명이었다는 말리(Mali) 왕국이 번영했다.

하지만 19세기 말, 에티오피아를 제외한 나머지 국가들이 분할되는데, 그 계기는 바로 영국의 선교사 겸 탐험가인 리빙스턴(David

데이비드 리빙스턴, 1864년,
© Thomas Annan

Livingstone)의 탐험이었다.

그는 잠베지(Zambezi ; '큰 수로'라는 뜻) 강 원류(源流) 지역을 탐험하다가 1855년에 낙차가 118미터나 되는 거대한 폭포의 존재를 발견하고 유럽에 알렸다. 반투어로 '모시오아통야('물안개가 울려 퍼지다'는 뜻)'라고 불렸던 이 폭포를, 리빙스턴은 당시 영국 여왕 빅토리아의 이름을 붙여 '빅토리아(Victoria) 폭포'라고 소개했다.

그 뒤 리빙스턴은 1866년에 나일 강 원류 지역을 탐사할 목적으로 오지에 들어갔다가 행방불명이 되었다. 미국의 신문기자 스탠리(Henry Stanley)는 1871년에 리빙스턴을 찾으러 출발했다가 아프리카 중동부의 탕가니카 호에서 기적적으로 그를 발견해 일약 유명인이 되었다.

스탠리는 그 뒤에도 9개월에 걸쳐 콩고 강(Congo ; 자이르 강) 유역을 탐험했는데, 콩고 강 하구에서 160킬로미터 들어간 곳에서 급류를 만났다. 이 급류의 폭은 300미터나 되었고, 32개나 되는 폭포가 늘어서 있었다. 이 폭포는 나중에 '리빙스턴 폭포'라고 명명되었다.

게다가 이 폭포 앞에 위치한 킨샤사(Kinshasa ; '과실이 열리는 마을'이라는 뜻)부터 키상가니(Kisangani ; 최초의 취락이 강 가운데 모래톱에 있

잠비아와 짐바브웨 사이에 있는 빅토리아 폭포, 리빙스턴이 빅토리아 여왕의 이름을 따서 명명했다. 유네스코 자연유산, by John Walker, W─C

었기 때문에 '섬 가운데'라는 뜻)까지 1,700킬로미터는 800톤급의 배로도 항해할 수 있었다. 스탠리는 이런 사실을 근거로 삼아 아마존(Amazon) 강에 이어 유역 면적이 두 번째로 큰 콩고 강이 아프리카의 동맥으로서 풍부한 가능성이 있다는 사실을 세계와 유럽에 소개했다.

'베를린 회의'에서 아프리카를 '주인 없는 땅'으로 선언

스탠리의 보고에 눈독을 들인 사람은 바로 식민지가 없던 벨기에의 국왕 레오폴(Leopold) 2세였다. 그는 스탠리를 고용해 콩고국제협

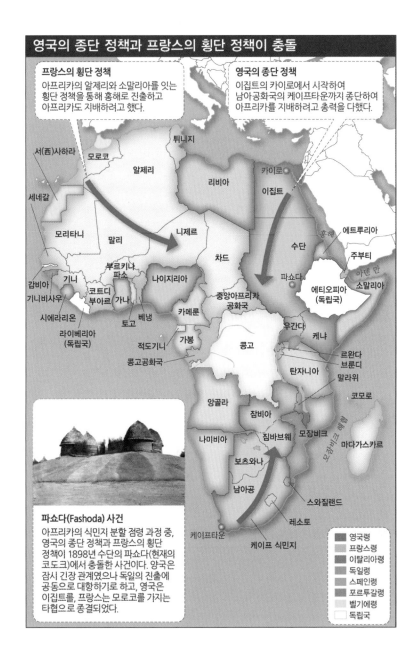

영국의 종단 정책과 프랑스의 횡단 정책이 충돌

프랑스의 횡단 정책
아프리카의 알제리와 소말리아를 잇는 횡단 정책을 통해 홍해로 진출하고 아프리카도 지배하려고 했다.

영국의 종단 정책
이집트의 카이로에서 시작하여 남아공화국의 케이프타운까지 종단하여 아프리카를 지배하려고 총력을 다했다.

서(西)사하라
모로코
튀니지
알제리
리비아
카이로
이집트
세네갈
모리타니
말리
니제르
차드
수단
에트루리아
주부티
아덴 만
홍해
파쇼다
에티오피아
(독립국)
소말리아
부르키나
파소
나이지리아
감비아
기니
코트디부아르
가나
중앙아프리카
공화국
우간다
케냐
기니비사우
시에라리온
토고
베냉
카메룬
적도기니
가봉
콩고
르완다
브룬디
탄자니아
말라위
라이베리아
(독립국)
콩고공화국
코모로
앙골라
잠비아
짐바브웨
모잠비크
마다가스카르
나미비아
보츠와나
남아공
스와질랜드
레소토
케이프타운
케이프 식민지

파쇼다(Fashoda) 사건
아프리카의 식민지 분할 점령 과정 중, 영국의 종단 정책과 프랑스의 횡단 정책이 1898년 수단의 파쇼다(현재의 코도크)에서 충돌한 사건이다. 양국은 잠시 긴장 관계였으나 독일의 진출에 공동으로 대항하기로 하고, 영국은 이집트를, 프랑스는 모로코를 가지는 타협으로 종결되었다.

■	영국령
■	프랑스령
■	이탈리아령
■	독일령
■	스페인령
■	포르투갈령
■	벨기에령
□	독립국

회를 조직했고, 학술 탐험을 가장해 식민지로 만들 준비를 차근차근 진행한 결과 1883년에 콩고 영유권을 선언했다.

갑작스럽게 이뤄진 영유권 선언에 대해 영국과 포르투갈이 강하게 반발했고, 이에 따라 유럽 각국의 이해관계를 조정할 필요가 생겼다. 이때 아프리카에서 식민지 획득에 대한 의욕이 가득하던 독일 총리 비스마르크가 중재에 나섰고, 1884년 말에 14개국이 참가한 가운데 결론이 나기까지 100일 이상 걸린 '베를린 회의(1884~1885)'가 열렸다.

이 회의에서 아프리카는 '주인 없는 땅'이라고 선언되었고, 일정 지역을 점령해 실질적으로 지배한 국가가 '선점권'을 가진다는 분할 원칙이 인정되었다. 바로 이것이 아프리카 수난의 역사가 시작되는 신호탄이었다.

한편, 빈 회의에서는 '선점권'의 원칙에 따라 콩고 강의 자유 교역을 인정한다는 조건부로 콩고자유국이 승인되었다. 과거 콩고 강의 항구 킨샤사가 '레오폴빌(Leopoldville ; '레오폴 2세의 거리'라는 뜻)', 키상가니가 스탠리빌(Stanleyville ; '스탠리의 마을'이라는 뜻)'이라고 불린 것은 이런 시대상의 잔재라고 할 수 있다.

콩고자유국 정부는 벨기에 수도인 브뤼셀에 설치되었으며, 주민에게 천연 고무와 상아 등을 세금으로 부과해 징수했는데, 주민들이 의무를 다하지 않을 때는 살해하는 등 가혹한 지배 정책을 펼쳤다. 자동차 시대를 맞이해 고무 수요가 급증하자 레오폴 2세는 세계에서 가장 부유한 재산가가 되었지만, 레오폴 2세가 지배했던 15년 동안

레오폴 2세, 1853년, Nicaise de Keyser, 벨기에 브뤼셀 왕립미술관

콩고 인구가 2,000만 명에서 900만 명으로 급감했다고 한다.

영국의 '종단 정책'과 프랑스의 '횡단 정책'이 수단 파쇼다에서 충돌

그 뒤 질풍노도처럼 진행된 아프리카 분할에 많은 유럽 국가들이
참가했다. 이 가운데서도 특히 중심적인 역할을 한 영국은 1875년

이집트에서 수에즈 운하 관리권을 획득해 이집트와 아프리카 남단의 케이프 식민지를 남북으로 연결하는 '종단 정책'을 전개했다. 프랑스도 알제리에서 사하라 사막을 횡단해 아프리카 동안에 위치한 소말리아 지부티(Djibouti)에 이르는 '횡단 정책'을 전개했다.

1898년, 양국 군은 수단 파쇼다(Fashoda)에서 충돌했는데(파쇼다 사건), 다음 해 프랑스가 양보하면서 영국이 수단을 확보한다. 그리고 그다음 해에 일어난 보어 전쟁(Boer War : 보어는 네덜란드어로 '농민'이라는 뜻, 네덜란드계 이민의 자손)으로 금과 다이아몬드를 풍부하게 산출하는 보어인의 트란스발 공화국과 오라녜(오렌지) 자유국을 합병함으로써 영국은 종단 정책을 완성한다.

민족 분쟁의 시발점이 된 아프리카의 식민지 독립

제2차 세계대전 이후 아프리카에서 새로운 국가 건설이 확대

현재 아프리카에는 53개국이 있는데, 이는 전 세계 국가 수의 4분의 1을 차지한다. 제2차 세계대전이 끝났을 무렵에 독립국이 4개국(이집트, 에티오피아, 라이베리아, 남아프리카연방)에 불과했다는 사실을 감안하면 아프리카 대륙에 대변동이 일어난 것이다.

이처럼 대변동이 일어난 것은 제2차 세계대전으로 인해 유럽의 식민지 종주국의 세력이 쇠퇴하기 시작했고, 당시 새롭게 국제 정치에서 주도권을 쥔 미국과 소련이 영향력을 확대하기 위해 반식민지주의를 표방했기 때문이다.

제2차 세계대전 후에 일어난 아프리카 독립의 파도는 사하라 사막 북쪽의 이슬람 세계에서 시작되었다. 1954년 프랑스령인 알제리에

나쿠루 호, 세계 최고의 플라밍고 서식지로 케냐의 국립공원이다.

서 일어난 혁명은 모로코(Morocco ; 아랍어로 '서쪽 왕국'이라는 뜻)와 튀니지(Tunisia)가 독립한 1960년대 초반까지 이어졌다. 그리고 1954년에는 수단이 영국으로부터 독립했다.

사하라 사막 남쪽에서는 1950년대에 일어난 케냐(Kenya ; '흰 산'이라는 뜻으로 해발 5,199미터의 케냐 산 때문)의 마우마우(Mau Mau) 봉기에서 볼 수 있듯이 대중운동의 지도자에 이끌려 독립운동이 확산되었으며(케냐의 독립은 1964년), 1957년에는 은크루마(Nkrumah)의 지도하에 가나가 영국으로부터, 다음 해인 1958년에는 기니가 프랑스로부터 독립했다.

'가나'라는 국명은 4세기부터 13세기에 서아프리카에 번영한 가나 제국에서 유래했다. 가나와 기니 2개국은 서로 협력해 아프리카의 독립운동을 이끌었으며, '아프리카 미합중국'을 건설하려고 했지만 유럽 국가의 방해로 실현되지 못했다.

하지만 1960년에 접어들면서 경제적 지배를 유지할 목적으로, 영

국과 프랑스 등은 인구 1억 명의 나이지리아('니제르 강의 나라'라는 뜻)
와 자이르('모든 강을 집어삼키는 강'이라는 뜻), 세네갈('강'이라는 뜻), 모
리타니(Mauritania ; '무어인의 나라'라는 뜻), 카메룬(포르투갈어로 '작은 새
우'라는 뜻) 등 17개국의 독립을 인정했고, 이로 인해 새로운 국가를
건설하려는 물결이 아프리카 전 지역으로 확산되었다. 무엇도 이 기
세를 막을 수 없었다.

1970년대 이후에도 앙고라와 모잠비크 등 신생 국가들이 독립

그 뒤에도 독립의 기운이 고조되어, 1970년대 말까지 거의 모든 아
프리카 국가가 독립을 성취했다.

포르투갈 식민지였던 앙고라와 카보베르데(Cape Verde ; 포르투갈어
로 '초록색 곶'이라는 뜻), 기니비사우(Guinea Bissau ; 비사우는 기니에서 포
르투갈이 획득한 토지에 살았던 부족의 이름), 모잠비크가 치열한 무장 전
투를 벌인 끝에 독립을 달성했다. 그리고 옛 영국 식민지였던 로디
지아(북로디지아는 현재 '잠비아'이고, 남로디지아는 현재 '짐바브웨'이다)에
서는 1965년에 백인 정부가 일방적으로 독립을 선언하고 흑인을 정
치에서 배제했지만, 국제 여론의 지원을 받은 흑인이 계속 투쟁하
여 1980년에 짐바브웨(Zimbabwe)라는 명칭의 흑인 정부를 수립했
다. 참고로 로디지아는 영국의 케이프 식민지 총리인 세실 로즈(Cecil
Rhodes ; 재임 1890~1896)의 이름에서 유래했으며, 짐바브웨는 15세기
에 잠베지 강 유역에서 번성했던 모노모타파 왕국의 수도 짐바브웨

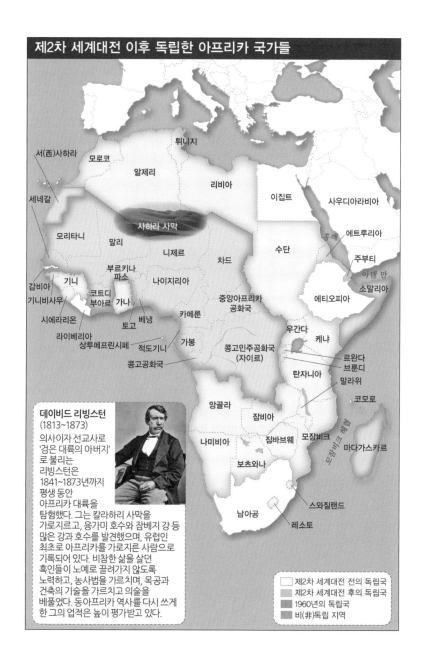

제2차 세계대전 이후 독립한 아프리카 국가들

서(西)사하라
모로코
튀니지
알제리
리비아
이집트
사우디아라비아
세네갈
에트루리아
모리타니
말리
니제르
차드
수단
주부티
부르키나
파소
나이지리아
아덴 만
감비아
기니
코트디
부아르
가나
중앙아프리카
공화국
에티오피아
소말리아
홍해
기니비사우
시에라리온
토고
베냉
카메룬
우간다
케냐
라이베리아
상투메프린시페
적도기니
가봉
콩고민주공화국
(자이르)
르완다
브룬디
콩고공화국
탄자니아
말라위
앙골라
잠비아
코모로
나미비아
짐바브웨
모잠비크
마다가스카르
모잠비크 해협
보츠와나
스와질랜드
남아공
레소토

데이비드 리빙스턴
(1813~1873)

의사이자 선교사로
'검은 대륙의 아버지'
로 불리는
리빙스턴은
1841~1873년까지
평생 동안
아프리카 대륙을
탐험했다. 그는 칼라하리 사막을
가로지르고, 응가미 호수와 잠베지 강 등
많은 강과 호수를 발견했으며, 유럽인
최초로 아프리카를 가로지른 사람으로
기록되어 있다. 비참한 삶을 살던
흑인들이 노예로 끌려가지 않도록
노력하고, 농사법을 가르치며, 목공과
건축의 기술을 가르치고 의술을
베풀었다. 동아프리카 역사를 다시 쓰게
한 그의 업적은 높이 평가받고 있다.

제2차 세계대전 전의 독립국
제2차 세계대전 후의 독립국
1960년의 독립국
비(非)독립 지역

(쇼나어로 '돌 집'이라는 뜻)에서 나온 것이다.

장대한 석조 유적지인 짐바브웨에서는 중국제 자기의 조각들이 다수 출토되었는데, 이를 통해 이슬람 상인과 대규모 교역을 했다는 사실을 알 수 있다. 아파르트헤이트(Apartheid ; 인종 분리 정책)로 인해 참정권과 토지 소유, 직업, 결혼 등에서 흑인에 대한 차별 정책을 취해 온 남아프리카 공화국은 국제 여론과 경제 제재, 국내 흑인 폭동 심화 등으로 1990년에 아파르트헤이트의 종식을 선언했고, 1994년에는 흑인에게 선거권이 부여되었다. 그리고 최초로 실시한 선거에서 흑인 운동 지도자인 만델라(Nelson Mandela)가 당선되어 대통령에 취임했다.

마지막으로 최후까지 남아 있던 식민지 나미비아(Namibia ; '나미브 사막의 나라'라는 뜻)가 아파르트헤이트가 끝난 1990년에 독립해, 아프리카 국가들은 일단 모두 독립을 달성했다.

아프리카에서 민족 분쟁이 끊임없이 일어나는 이유는?

아프리카 국가들의 국경선은 19세기 말에 유럽 국가들이 제멋대로 그어놓은 것이기 때문에 기존에 있던 많은 부족들이 분리된 상태에서 살아왔다. 즉, 유럽의 종주국이 부족 간의 대립을 부추기면서 지배 체제를 확립했기 때문에, 아프리카 부족국가들은 국민의식이 제대로 형성되지 않아 국가에 대한 충성심보다는 부족에 대한 충성심이 더 강했던 것이다.

아프리카 국가들은 강력한 국가 건설을 추진할 목적으로 일당제를 펼쳤지만, 이런 체제는 부패하기 쉬운 데다 다수파의 이익만 추종한다는 맹점을 보여주었다. 때문에 종종 국경 분쟁과 부족 간 대립, 경제적인 면의 이해관계 등을 이유로 민족 분쟁과 군사 쿠데타가 끊이질 않았다. 이렇게 잇따른 분쟁으로 발생한 아프리카의 난민만 해도 오늘날 수백만 명을 헤아릴 정도이다.

현재 아프리카는 경제적인 면에서도 매우 힘든 상황에 처해 있다. 아프리카에는 천연자원이 많지만 이를 개발할 자금과 기술이 부족한 형편이며, 또 경제 기반인 1차 농산품의 가격이 매우 저렴하기 때문에 언제나 외화 부족과 과다 채무에 시달리고 있다. 게다가 아프리카의 사헬(사하라 사막 남쪽 주변 지역의 열대 초원) 지역이 건조해지면서 가뭄과 기근이 자주 발생하는 데다 에이즈와 콜레라가 만연하며, 아직도 백신이 개발되지 않은 에볼라 출혈열이 유행하는 등 단시간에 해결하기 힘든 여러 가지 난제를 안고 있다.

중남미의 지명에 남아 있는
이민족과 이문화의 흔적들

'대항해 시대'에 스페인인은 대서양을 건너가 말도 통하지 않는 아메리카 대륙의 원주민을 만났다.

이처럼 스페인인과 포르투갈인을 고난의 연속인 모험으로 이끌고 간 것은 '신의 가호'를 믿는 열렬한 신앙심이었다. 이런 신앙심의 증거를 중남미의 지명과 국명에서 찾아보자.

예를 들어 엘살바도르(El Salvador)는 16세기 초반에 엘살바도르를 점령한 스페인 장군이 명명한 것으로 '구세주'라는 뜻이고, 아르헨티나와 뉴멕시코의 산타페는 '성스러운 신앙'이라는 뜻이다. 브라질 상파울루는 '성 바울', 산타마리아(Santa Maria)는 '성모 마리아'라는 뜻이며, 칠레 수도 산티아고는 전투의 수호신인 '성 야고보'이라는 뜻이라고 한다.

또 원주민의 말을 몰라 의사소통이 불가능했기 때문에 오해해서 생긴 지명도 있다. 이와 관련된 지명으로는 앞서 언급했던 유카탄 반도가 유명하다. 한편 페루 남부 중심 도시인 아레키파(Arequipa)는 케추아어로 '네, 여기에서 쉽시다'라는 뜻이다. 미국의 멕시코 만 연안의 텍사스도 카도어(語)인 테야스(teyas : '친구'라는 뜻)에서 유래했으며, 1541년에 이 땅에 상륙한 스페인인의 질문에 인디오가 '테야스'라고 대답했다는 데서 유래되었다고 한다.

그리고 세계를 일주하던 도중 1520년에 아르헨티나 남부 고원 지대에 상륙한 마젤란은 인디오가 큰 모피 방한화를 신고 찾아와 큰 발자국을 남기자, 이를 보고 '발이 큰 사람들이 사는 땅'이라는 의미의 파타고니아(Patagonia)라는 지명을 붙였다. 이런 지명은 진귀한 이문화에 대한 호기심이 지명으로 남겨진 사례이기도 하다.

이 밖에도 스페인인과 원주민의 전투를 기념하는 지명도 있다. 예를 들어 석유를 반출하는 항구로 유명한 베네수엘라의 마라카이보(Maracaibo)는 16세기에 스페인인과 싸우다가 숨진 인디오의 수장 말라와 카요(cayo, '죽음'이라는 뜻)가 합성된 지명으로, '말라가 죽었다'라는 뜻이다.

마젤란 해협 건너편의 파타고니아 원주민을 그린 일러스트

3장

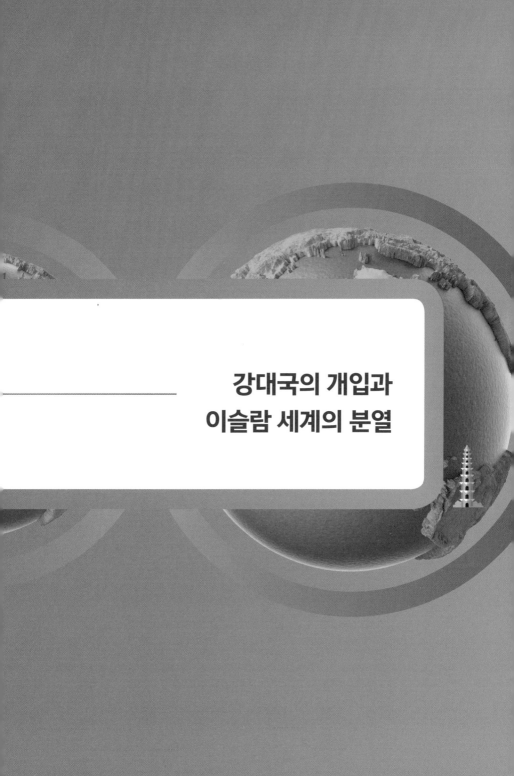

강대국의 개입과
이슬람 세계의 분열

3개 대륙을 지배하는 이슬람 세계의 대제국

이슬람의 오스만투르크제국이 비잔티움제국의 콘스탄티노플을 함락

19세기와 20세기는 서구의 제국주의 국가들이 서로 경쟁하면서 '광의의 유럽'이 눈부시게 팽창한 시기였다. 유럽 국가들은 지구 표면의 70%를 차지하는 대양(ocean)을 제패했고, 기존의 체제와 가치관을 송두리째 뒤엎는 산업혁명으로 새로운 시스템을 구축한 채 아시아와 아프리카에 대한 침략에 나섰다. 그리고 이들로부터 후계 자리를 물려받은 미국은 세계의 유럽화와 미국화를 적극적으로 추진했다. 이 거대한 영향력에 항거하면서 이슬람과 인도, 동아시아 여러 전통 세계는 자립성을 유지해나간 것이다.

1970년대 이후, 첨단 산업이 발달하면서 세계화가 급속히 추진되는 가운데 '광의의 유럽 세계'와 '전통 세계'는 인류 사회의 새로운 공존 체제를 만들기 위한 방안을 모색하고 있다. 과연 '세계화'는 세계의 미국화로 이어질 것인가, 아니면 새로운 공존 체제를 형성할 것인가. 세계의 미래는 여전히 안개에 싸여 있다.

13세기 말에 아나톨리아 고원(소아시아)에서 일어난 오스만투르크제국은 비잔티움제국을 무너뜨리고 이슬람 교단 지도자인 정통 칼리프의 지위도 계승했다. 이리하여 3개 대륙에 걸친 오스만투르크제국은 이슬람 세계를 주도하는 대제국이 되었다.

하지만 19세기 이후가 되면서 오스만투르크제국은 제국 내의 민족운동이 고양되고, 유럽 국가의 압박 때문에 힘이 약해지고, 제1차 세계대전을 거치면서 붕괴했다.

오스만투르크제국을 계승한 터키(Turkey)와 이란(Iran)은 제1차 세계대전 후에 모두 서구화 노선을 걷게 되었으며, 이집트(Egypt)와 이라크(Iraq), 시리아(Syria), 팔레스타인(Palestine)은 영국과 프랑스의 지배하에 놓였다. 이슬람 세계에 구미 세력이 진출하면서 고난의 시대가 도래한 것이다.

13세기 말 오스만투르크제국은 계절에 따라 소아시아 서북부의 초원을 이동하면서 생활하는, 부족장이 거느리던 가지(Ghazi, 이슬람 전사단)의 손으로 건설되었다.

오스만투르크제국은 국내가 불안정한 비잔티움제국의 내부 사정을 교묘하게 이용하면서 서쪽으로 영토를 확대해나갔고, 1398년에는 슬라브인 연합군을 코소보(Kosovo : '개똥지빠귀의 들'이라는 뜻, 세르비아정교 발상의 땅)에서 무찔러 발칸 반도 대부분을 차지했다. 하지만

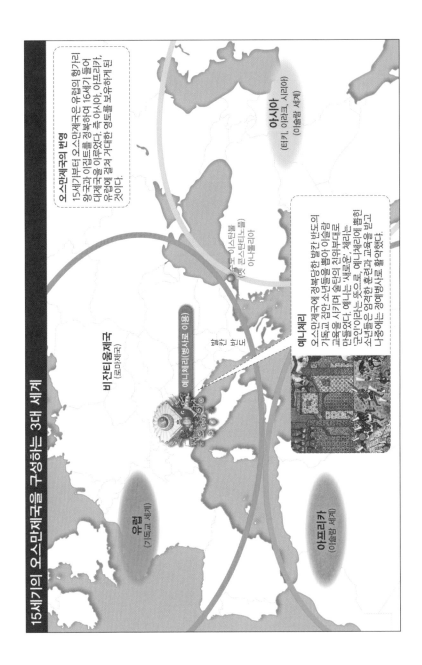

15세기의 오스만제국을 구성하는 3대 세계

오스만제국의 변영

15세기부터 오스만제국은 유럽의 헝가리 왕국과 이집트를 정복하여 16세기 들어 대제국을 이루었다. 즉 아시아, 아프리카, 유럽에 걸쳐 거대한 영토를 보유하게 된 것이다.

아시아
(터키, 아라크, 시리아)
(이슬람 세계)

비잔티움제국
(로마제국)

(에페소스 이스탄불
콘스탄티노플)
아나톨리아

쿠루
칸유
쿠리

예니체리(병사로 이용)

예니체리

오스만제국에 정복당한 발칸반도의 기독교 집안 소년들을 뽑아 이슬람 교육을 시키며 술탄의 친위부대로 만들었다. 예니체리는 새로운, 제리는 군인이라는 뜻으로, 예니체리에 뽑힌 소년들은 엄격한 훈련과 교육을 받고 나중에는 정예병사로 활약했다.

유럽
(기독교 세계)

아프리카
(이슬람 세계)

오스만투르크제국은 수년 뒤(1402년)에 진격해 온 중앙아시아의 티무르군과 앙카라(Ankara)에서 싸워 패했고, 이로 말미암아 10년 동안 국내가 혼란에 빠졌다.

하지만 티무르제국의 쇠퇴와 더불어 세력을 회복한 오스만투르크제국은 1453년에 육군 20만 명과 군함 400척으로 비잔티움제국의 수도인 난공불락의 콘스탄티노플을 함락했다.

개종한 기독교도의 자제로 이슬람제국의 군대 '예니체리'를 구성

당시 비잔티움제국의 그리스계 주민은 제국의 수도를 에이스텐버린(그리스어로 '성 안으로'라는 뜻)이라고 칭했는데, 이 호칭은 오스만투르크제국의 수도 이스탄불로 계승된다.

전쟁 때 큰 위력을 발휘했던 것은 소 100마리가 없으면 옮기기 힘들 정도로 거대한, '토프카피(대포의 문이라는 뜻)'라고 불린 대포였다. 이 거대한 대포의 이름이 이스탄불에 위치한 궁전(토프카피 궁전, 콘스탄티노플을 함락한 메흐메트 2세가 축성)의 명칭이 되어 오늘날에도 남아 있다.

오스만투르크제국은 터키어를 공용어로 삼은 이슬람제국이었다. 그래서 기본적으로 민족보다 이슬람교도라는 사실을 우선시했고, 비이슬람교도에 대해서는 공동체를 만들어 세금을 내는 조건으로 자치를 허용했다. 이런 시책으로 다양한 민족과 종교가 뒤섞여 있음에도 불구하고 광대한 지역의 질서를 훌륭하게 유지했다.

데브시르메(예니체리를 뽑는 제도) 일러스트 축소판, 1558년, Ali Amir Beg, 터키 이스탄불 토프카프 궁전박물관

　오스만투르크제국은 발칸 반도의 기독교도에게는 세금을 부과하지 않고 대신 청년들을 모은 뒤 이슬람 교육을 실시해 관료와 군인으로서 제국을 통치하는 데 이용했다. 즉, 이슬람 세계 외부에서도 자유롭게 활용할 수 있는 인재를 모은 것이다. 특히 개종한 기독교도의 자제로 구성된 제국 군대는 '예니체리(터키어로 '새로운 군대'라는 뜻)'라고 불렀는데, 이 예니체리는 세계 최강의 군대로 유명했다. 이들은

결혼할 수 없었고, 군기(軍旗) 대신 거대한 금속제 야전요리용 냄비
를 휴대했으며, 모자에는 숟가락을 꽂았다. 이는 '같은 밥솥의 밥을
먹는 사람'이라는 의미로, 서로의 결속을 공고히 하기 위함이었다.

이슬람제국과 로마제국의 영광을 계승한 오스만제국

오스만투르크제국은 이슬람의 법을 중시했고, 이라크 등에서 많은 학
자(우라마)를 초대해 이상적인 이슬람 국가를 건설하려고 했다. 또 오스
만투르크제국은 예루살렘과 아라비아 반도의 메카, 메디나 성지를 지
배했고, 이집트의 맘루크 왕조를 쓰러뜨렸을 때 망명한 아바스제국의
칼리프 자손에게서 정통 칼리프의 지위를 인계받았다. 그 결과 로마제
국과 이슬람제국의 뒤를 계승한 지도자는 수니파 이슬람교도의 종교
적 지도자가 되었다.

오스만투르크제국의 전성기는 26
세에 즉위해 약 반세기 동안 3개
대륙, 20여 개 민족, 6,000만 명
을 지배했던 술레이만(Suleiman) 1
세의 시대였다(16세기 중반). 그는
유럽을 대표하는 신성로마제국의
수도인 빈(Wien)을 포위했고(결국은
철수), 아프리카에서는 알제리(전
국토의 80%가 사막, 사막 속의 '섬'이라
는 뜻)까지 지배 세력을 넓혔다.

**오스만투르크제국의 전성기를 이
룬 술레이만 1세**

그리스와 이집트의 독립, 그리고 러시아의 남하 정책

서구 열강들이 그리스와 이집트의 독립을 지원하면서 제국 붕괴

이슬람교와 터키어로 통합된 오스만투르크제국은 3개 대륙에 걸쳐 광범위한 영토를 확보했으나, 19세기에 접어들자 산업혁명을 통해 군사력이 강대해진 영국과 프랑스, 러시아, 오스트리아의 압박으로 세력이 급격히 약해졌다.

특히 유럽이 이집트와 발칸 반도로 확산시킨 '내셔널리즘(Nationalism)'은 제국 내 여러 민족의 자립심을 일깨우는 계기가 되었고, 이로 인해 결국 오스만투르크제국은 내부부터 붕괴되어 해체되는 결과를 초래했다.

최초의 큰 변화가 나타난 곳은 총면적 약 55만 제곱킬로미터의 발칸 반도와 곡창 지대인 이집트였다. 발칸 반도에서 일어난 슬라브인의 독립운동은 '그리스 독립 전쟁(1821~1829)'의 기폭제로 작용했다.

영국과 러시아, 프랑스는 그리스의 독립을 지원해 오스만투르크제국의 주력 함대를 궤멸했고, 1829년에는 러시아군이 아드리아노플(Adrianople)을 점령해, 오스만투르크제국으로 하여금 세르비아(Serbia ; '동료'라는 뜻)와 그리스의 독립을 인정하게 했다. 영국과 러시아 등의 지원을 받은 그리스는 독일 귀족을 자국의 왕으로 초대해 그리스 왕국을 세웠다(1830년).

한편 이집트는 나폴레옹의 이집트 원정이 실패로 끝난 뒤 프랑스의 원조를 받아 '부국강병'과 생산물을 늘리는 공업 정책 육성에 힘썼고, 총독 무함마드 알리(Muhammad Ali)는 오스만투르크제국으로부터 독립을 요구하며 전쟁(이집트 - 투르크 전쟁)을 일으켰다.

그리고 동지중해의 현 상태를 유지하는 것이 자국에 이익이 된다고 판단한 영국은 오스만투르크제국 내부의 분쟁에 간섭해 1840년에 체결한 '런던 조약'에서 이집트 총독의 세습을 인정하는 형태로 결말을 지었다. 이집트는 1830년에 오스만투르크제국에서 절반 이상의 영토가 독립했다.

1831년 오스만투르크제국은 이라크를 북부의 모술(Mosul ; '접합점'이라는 뜻), 중부의 바그다드, 남부의 바스라 등 세 개 행정구역으로 나눠 직접 통치했다.

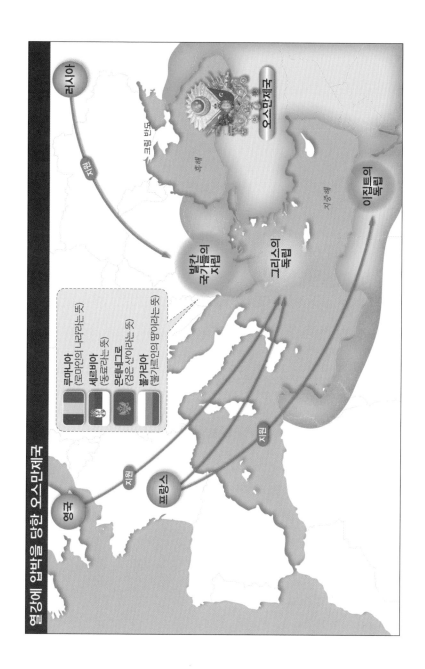

열강에 약탈을 당한 오스만제국

러시아

오스만제국

크림 반도

흑해

지중해

이집트의 독립

발칸 국가들의 자립

그리스의 독립

루마니아
(로마인의 나라라는 뜻)

세르비아
(동료라는 뜻)

몬테네그로
(검은 산이라는 뜻)

불가리아
(불가르인의 땅이라는 뜻)

지원

지원

영국

프랑스

이스탄불 보스포루스 다리, 2008년, © FatihGumus, W-C

다르다넬스와 보스포루스 해협의 항해권을 놓고 크림 전쟁 발발

급변하는 국제 환경과 내부 분열에 직면한 오스만투르크제국은 새로운 시책을 시도한다. 1826년에 전통적인 군대를 해체하고 유럽 군대 조직을 도입했고, 위로부터의 개혁을 실시해 서구의 법률을 도입했으며, 공평한 과세와 징병제 등을 실현한 것이다.

그렇지만 이런 체제 전환이 순조롭게 진행된 것만은 아니었다. 러시아제국과 오스트리아-헝가리제국, 오스만투르크제국에 둘러싸인 발칸 반도에서는 슬라브계 여러 민족이 독립 국가를 형성하려는 움직임이 진행되었고, 이를 이용해 러시아제국은 다시 지중해를 향한 남하 정책에 시동을 걸었다. 이때 유럽 국가들이 주목한 것이 바로 다르다넬스와 보스포루스 두 해협이었다. 러시아 해군이 흑해에서 동지중해로 진출하는 것을 막으려면 두 해협을 봉쇄해야 했기 때문이다.

1833년, 오스만투르크제국은 러시아가 두 해협을 항해할 수 있게 인정했으나 영국과 프랑스가 반대해 결국 다음 해 백지화되고 말았다. 그러나 무슨 수를 써서라도 꼭 남하하고 싶었던 러시아는 1853년에 오스만투르크제국 내부의 그리스정교 보호를 구실로 오스만투르크제국과 전쟁을 시작했다. 이것이 바로 영국과 프랑스 양국이 참전한 '크림 전쟁(Crimean War, 1853~1856)'이다.

전쟁은 크림 반도 남서 해안에 위치한 러시아 최대의 군항 세바스토폴 요새에서 약 11개월에 걸쳐 계속되었다. 두 국가에 비해 낡은 군사 장비를 사용하던 러시아는 이 전쟁에서 패했고, '파리 조약(1856)'을 통해 흑해의 중립화와 터키의 영토 보전을 인정했다. 결국 러시아의 남하 정책은 크게 후퇴하고 말았다.

참고로 이 전쟁은 나이팅게일(Florence Nightingale)이 종군 간호사로 활약한 전쟁으로 잘 알려져 있다.

러시아에 당한 오스만투르크제국과, 자립하는 발칸 반도의 국가들

1875년, 서유럽 국가에서 빌려 쓴 채무가 급증해 오스만투르크제국의 재정이 파탄 나면서 영국과 프랑스 등 6개국으로 구성된 채무

관리국이 징세권을 담보로 잡았고, 오스만투르크제국은 유럽 국가로부터 '빈사 상태의 중병인'이라고 불리게 되었다.

1875년에 보스니아(Bosnia ; '보스나 강 유역'이라는 뜻)와 헤르체고비나(Herzegovina ; '공작령'이라는 뜻)에서 일어난 반란을 오스만투르크제국이 탄압했다는 구실로 러시아가 '러시아 – 투르크 전쟁(1877~1878)'을 일으켜 일방적인 승리를 거둔 뒤, 오스만투르크제국에 루마니아(Romania)와 세르비아, 몬테네그로(Montenegro), 불가리아(Bulgaria) 등의 독립을 인정하게 했다.

그러자 다민족 국가이며 수많은 슬라브계 주민을 지배했던 오스트리아 – 헝가리제국이 강력하게 반대했고, 영국도 동조했다. 이로 인해 긴장이 고조되는 가운데 1871년에 성립된 독일제국의 총리 비스마르크가 회의를 주재해 '세력 균형'을 주장하며 오스만투르크제국에 더 큰 희생을 강요했고, 러시아의 남하 정책에도 제동을 걸었다.

이때 체결한 '베를린 조약(1878)' 때문에 러시아의 보호하에 있던 불가리아의 영토가 축소되었고, 오스트리아는 인접한 보스니아 – 헤르체고비나의 행정권을 인정받았다. 이 조약으로 오스만투르크제국은 유럽 영토 대부분을 잃고 말았다.

오스만제국 지배권 놓고 제1차 세계대전이 발발

페르시아 만으로 진출하려는 독일과 저지하려는 영국이 충돌

19세기 후반이 되면서 세계 제패를 노리는 서구 국가들은 아시아로 가는 입구에 위치한 오스만투르크제국을 공략하는 게 최우선 과제였다. 영국과 독일의 패권 경쟁의 중심에 오스만제국이 휘말려든 것이다.

19세기 말, 유럽 1위의 공업국으로 성장한 독일제국은 대외 팽창 정책으로 발걸음을 옮기기 시작했다. 1888년 즉위한 빌헬름 2세는 '신항로 정책'을 선언한 뒤, 오스트리아와 손잡고 범게르만주의(Pan-Germanism ; 게르만 민족이 패권을 잡으려는 주의)를 내걸어, 범슬라브주의(Pan-Slavism ; 슬라브 민족을 통합하려는 운동)를 내건 러시아의 영향 아래 있는 발칸 반도를 자국의 세력권에 편입하려고 했다.

또 1899년이 되자, 독일은 오스만투르크제국을 횡단하는 바그다드 철도 부설권을 획득했다. 독일 은행의 출자로 시작한 철도 건설을 국책 사업으로 추진했는데, 이스탄불 맞은편에 위치한 하이다르파샤를 기점으로, 페르시아 만 연안까지 약 3,200킬로미터 가운데 60%를 제1차 세계대전까지 개통한 것이다. 참고로 철도가 완공된 것은 1940년의 일이다.

'베를린(Berlin) - 비잔티움(Byzantium) - 바그다드(Bagdad)'를 연결하는 바그다드 철도와 페르시아 만에 접한 바스라의 항만 시설을 정비해 인도양으로 진출하려는 정책을 내걸고 해군 증강에 힘쓴 독일은, '케이프타운(Cape Town) - 카이로(Cairo) - 캘커타(Calcutta)'를 연결하는 영국의 3C 정책과 격렬하게 부딪혔다. 영국은 러시아와 손잡고 독일의 발칸 반도 진출을 저지했으며, 1899년에 페르시아 만 해안 지대에 위치한 쿠웨이트(Kuwait ; 아랍어로 '작은 성'이라는 뜻)와 조약을 체결해 쿠웨이트를 보호하에 두면서 독일의 페르시아 만과 인도양 진출을 저지했다.

이라크의 페르시아 만 연안에는 항구가 적은 것을 알 수 있는데, 이것은 바로 앞서 제시한 역사적 배경 때문이다. 참고로 쿠웨이트는 1914년에 영국의 보호령이 되었다.

발칸 반도가 유럽의 화약고인 이유는 무엇인가?

오스만투르크제국을 둘러싼 유럽 열강의 대립이 치열해지는 가운

3대 대륙에 걸쳤던 오스만제국 영토의 변화

15세기 / 14세기 후반

콘스탄티노플

14세기 전반

14~15세기의 오스만제국 확대

메흐메트 2세의 과감한 작전으로 오스만제국은 비잔티움제국의 수도이자, 기독교 세계의 유구한 역사를 담은 난공불락의 도시 콘스탄티노플의 공략에 성공했다.

16세기 오스만제국의 최대 영토

술레이만 대제 때 오스만제국은 최고의 전성기였다. 오스만제국은 종횡무진으로 영토를 넓혔다. 결국 오스만제국은 3개 대륙, 20개 민족, 6,000만 명의 인구를 거느리며, 페르시아의 전통과 이슬람 정신을 바탕으로 자신들만의 문화를 만들고 발달시켰다.

세브르 조약

제1차 세계대전이 끝난 후 프랑스의 세브르에서 연합국과 오스만제국이 맺은 조약이다. 오스만제국은 이 조약으로 연합국에 엄청난 영토를 양보했고, 터키 영토의 일부 점령도 받아들였다. 그러나 조약 체결 후에도 영토를 더 탐내던 그리스의 도발로 또 전쟁이 시작되었고, 오스만 측 앙카라 정부가 승리했다. 결국 연합국과 오스만제국은 다시 협상을 하고 로잔 조약을 체결하면서 지금의 터키 영토를 확정했다.

1914년경의 오스만제국 영토

1920년 세브르 조약에 의한 터키령

제1차 세계대전의 패배로 오스만제국은 붕괴되기 시작했다. 결국 연합국은 세브르 조약으로 터키 분할을 꾀하고, 오스만제국의 영토는 여러 나라들에 분리 점령되거나 통치되면서 완전히 쇠퇴했다.

데, 1908년 오스만투르크제국의 혁신을 요구하는 '청년투르크당'과 손잡은 군(軍)이 무혈혁명(청년투르크당 혁명)을 일으켰다. 혁명에 성공한 청년투르크당은 내각을 조직했고, 내정은 극심한 혼란에 빠졌다.

이런 혼란을 틈타 오스트리아는 1908년의 베를린 회의에서 독일의 지원을 받으며, 세르비아인 거주민이 많아 세르비아가 병합을 강력히 원한 발칸 반도 남서부의 보스니아 - 헤르체고비나의 실질적인 행정권을 획득했다.

1911년에는 이탈리아가 이집트 서쪽에 위치한 트리폴리와 키레나이카(오늘날 리비아의 도시들)에 침범해 '이탈리아 - 투르크 전쟁(Italo - Turkish War, 1911~1912)'을 일으켜 리비아를 점령하는 데 성공했다.

이처럼 오스만투르크가 약해진 모습을 본 슬라브 국가들은 러시아의 지도하에 발칸 동맹을 결성해, 마케도니아(Macedonia : 그리스 북방)의 영유권을 요구하면서 전쟁을 일으켰다(발칸 전쟁, 1912~1913). 이 전쟁에서 오스만투르크는 단기간에 패배했고, 이스탄불을 제외한 모든 유럽 영토와 크레타 섬을 잃었다.

참고로 이 전쟁 기간 동안 아드리아 해에 접한 알바니아(Albania)도 독립하게 된다. 알바니아는 '흰색의 땅'이라는 뜻인데, 산 표면에 흰색의 석회암이 노출되었기 때문에 이런 이름이 붙여졌다. 알바니아의 정식 명칭은 슈키페리야(Shqiperija)로 '독수리의 나라'라는 뜻이다. '뛰어난 사람'을 뜻하는 '독수리'라는 단어를 지명에 사용한 것으로 미루어 자기 민족에 대한 긍지가 높다는 것을 알 수 있다.

1913년이 되면서 불가리아가 획득한 영토가 너무 많다는 이유로, 세르비아와 그리스, 몬테네그로, 루마니아, 오스만투르크가 불가리아를 포위 공격했다. 때문에 불가리아의 영토가 축소되었고, 그 결과 불가리아는 독일과 오스트리아에 접근하게 된다.

오스만투르크에서도 독일을 이용해 러시아를 격파하고, 러시아의 지배하에 있던 투르크인을 규합해 투르크인의 대민족국가를 수립하려는 범투르크주의가 대두한다. 이리하여 오스만투르크와 불가리아는 독일과 오스트리아 쪽에 서게 되었고, 이로 인해 발칸 반도에는 전쟁의 위기감이 고조되었다.

그러던 중 1914년, 보스니아 수도인 사라예보(Sarajevo)에서 비극적인 사건이 발생했다. 육군의 대규모 훈련을 보기 위해 사라예보를 방문한 오스트리아 황태자 부부가 세르비아주의자였던 학생 두 명에게 암살당하고 만 것이다. 이 사건의 사후 처리를 둘러싸고 오스트리아와 세르비아 양국에 분쟁이 일어나면서 1914년, 마침내 제1차 세계대전이 시작되었다.

터키 등 아랍 민족주의 대두, 영국과 프랑스의 중동 개입

제1차 세계대전 패배로 오스만제국 해체와 터키 공화국 탄생

제1차 세계대전에서 오스만투르크제국은 독일 진영에 가담했다가 패배했다. 그 뒤 오스만투르크제국은 투르크의 민족국가를 형성하는 방향으로 나아갔고, 중동 세계는 아랍 민족주의의 대두와 서유럽 국가의 이권 쟁탈전으로 혼란의 시대에 돌입한다.

제1차 세계대전 후 연해 지역(沿海地域)은 영국과 프랑스, 이탈리아, 그리스가 점령한다. 1920년에 체결한 '세브르 조약'으로 오스만투르크제국은 해체되었고, 영토는 이스탄불과 그 주변으로 축소되었다. 술탄 정부는 굴욕적인 강화조약을 수락했지만, 케말 파샤(케말 아타튀르크)는 조약 체결 반대파를 결집하면서 새로운 지도자로 부상했다. 터키 독립 전쟁을 주도하면서 정부를 타도한 후에는 대통령에 취

제1차 세계대전 후 오스만제국의 해체와 터키의 성립

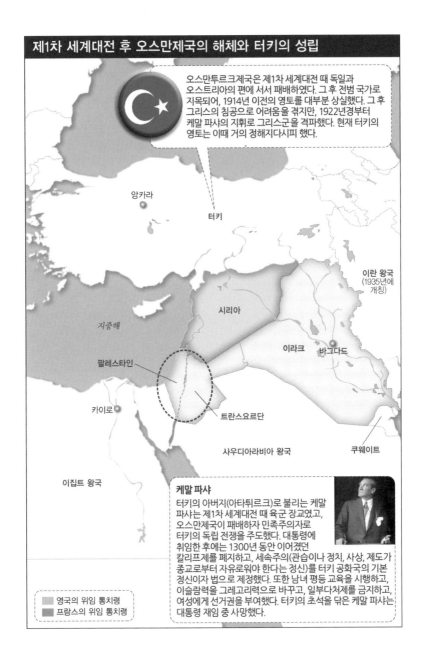

오스만투르크제국은 제1차 세계대전 때 독일과 오스트리아의 편에 서서 패배하였다. 그 후 전범 국가로 지목되어, 1914년 이전의 영토를 대부분 상실했다. 그 후 그리스의 침공으로 어려움을 겪지만, 1922년경부터 케말 파샤의 지휘로 그리스군을 격파했다. 현재 터키의 영토는 이때 거의 정해지다시피 했다.

앙카라

터키

이란 왕국
(1935년에 개칭)

시리아

지중해

이라크   바그다드

팔레스타인

카이로

트란스요르단

사우디아라비아 왕국   쿠웨이트

이집트 왕국

케말 파샤
터키의 아버지(아타튀르크)로 불리는 케말 파샤는 제1차 세계대전 때 육군 장교였고, 오스만제국이 패배하자 민족주의자로 터키의 독립 전쟁을 주도했다. 대통령에 취임한 후에는 1300년 동안 이어졌던 칼리프제를 폐지하고, 세속주의(관습이나 정치, 사상, 제도가 종교로부터 자유로워야 한다는 정신)를 터키 공화국의 기본 정신이자 법으로 제정했다. 또한 남녀 평등 교육을 시행하고, 이슬람력을 그레고리력으로 바꾸고, 일부다처제를 금지하고, 여성에게 선거권을 부여했다. 터키의 초석을 닦은 케말 파샤는 대통령 재임 중 사망했다.

영국의 위임 통치령
프랑스의 위임 통치령

임해 칼리프제를 폐지했다.

이리하여 오스만투르크제국은 멸망하고 1923년, 앙카라를 수도로 하는 터키 공화국이 수립되었다. 하지만 칼리프제가 폐지됨으로써 지도자를 잃은 아랍의 이슬람 세계는 중심을 잃고 극심한 분열의 위기에 빠져들었다.

제1차 세계대전 승전국인 영국과 프랑스가 중동의 주도권을 쥐다

19세기 유럽은 오스만투르크제국령을 '근동(Near East)'이라고 불렀다. 하지만 제1차 세계대전 시기에는 페르시아 만 주변 지역을 '근동'과는 다르게 분류해 '중동'이라고 부르게 되었으며, 제2차 세계대전 중에 카이로에 중동 사령부가 설치되면서 '중동' 지역이 확대되었다.

이처럼 동아시아에 대한 '극동'이란 호칭과 마찬가지로, '중동' 역시 유럽 시각에서 부르는 호칭이다. 오늘날 '중동'은 아프가니스탄에서 아프리카 서안에 이르는 이슬람권의 대명사가 되었다.

제1차 세계대전 후, 러시아에서 혁명이 발발해 중동에서 영향력이 줄어들면서 영국과 프랑스가 중동 문제 해결을 위한 주도권을 쥐었다.

영국과 프랑스는 제1차 세계대전 중에 체결했던 분할 비밀협정을 바탕으로, 국제연맹의 감독을 받으면서 위임 통치를 하는 형태로 옛 오스만투르크제국령을 분할했다.

비밀협정이란 1916년에 사이크스(Sykes : 영국 대표)와 피코(Picot : 프랑스 대표)의 원안에 따라 영국과 프랑스, 러시아 3개국이 터키령을 분할하는 것을 내용으로 하는 '사이크스-피코 협정(Sykes-Picot Agreement)'을 말한다. 이 협정의 주요 내용은 ① 아랍인 거주지의 주요 부분은 영국과 프랑스령, ② 영국과 프랑스의 점령 범위에서 아랍인의 독립 용인, ③ 팔레스타인의 국제 관리 등이었다.

결국 1920년 '세브르 조약'에 따라 이라크와 요르단(Jordan ; 헤브라이어로 '잘 흐른다', '강을 왕래한다'는 뜻), 팔레스타인이 영국의 위임 통치령, 시리아(Syria)와 레바논(Lebanon)이 프랑스의 위임 통치령이 되었다.

그 후 1920년대에 이라크와 트란스요르단(Trans-jordan)이 영국으로부터 명목상 독립을 했고, 1940년대에는 시리아와 레바논이 독립했다. 또 제1차 세계대전 중에 영국의 보호하에 놓였던 이집트는 1922년에 독립했지만, 영국은 수에즈 운하 지대의 주둔권과 이집트의 방위권, 수단의 영유권은 포기하지 않았다.

한편, 아라비아 반도에서는 이슬람 원리주의 입장에 선 와하브 운동(와하비즘 ; Wahhabism)을 지원한 이븐 사우드(Ibn Saud)가 1932년에 사우디아라비아 왕국(The Kingdom of Saudi Arabia)을 건국해, 아라비아 반도의 대부분을 지배하에 두었

사우디아라비아의 초대 왕 이븐 사우드

다. 참고로 사우디아라비아는 '사우드가(家)의 아라비아'라는 뜻이다. 훗날 사우디아라비아는 방대한 석유 산업에서 얻은 자본을 바탕으로 근대화를 추진한다.

영국의 이중 외교로 유대인과 팔레스타인인의 대립이 심화

유대교와 기독교, 이슬람교의 성지 예루살렘이 있는 팔레스타인은 영국의 위임 통치하에 놓여 있었다. 하지만 영국의 '이중 외교' 결과 이 땅에 유대인 국가를 건설하려는 유대인과 아랍인의 대립이 심각해졌다.

영국의 이중 외교란 1915년에 영국의 고등판무관인 맥마흔(Henry MacMahon)과 아랍 지도자 후세인(Sayyid Hussein bin Ali)이 왕복 서간을 통해 제1차 세계대전 종료 후 오스만투르크제국의 통치하에 있던 아랍인의 독립 국가 건설을 인정한 '후세인 – 맥마흔 협정(Hussein – MacMahon Agreements)'과, 1917년에 오스만투르크제국을 공격할 자금을 유대인 금융자본가에게서 얻기 위해 영국의 외무장관 밸푸어(Arthur Balfour)가 팔레스타인에 유대인 국가 건설을 인정한 '밸푸어 선언(Balfour Declaration)'을 말한다.

이처럼 제1차 세계대전 후 영국과 프랑스의 영향력이 강해지면서 중동 세계는 서구화를 지향하는 터키와 이란, 그리고 민족주의가 강한 아랍 세계로 분열되었다.

유대인은 이스라엘 건국,
팔레스타인인은 쫓겨났다

유엔에서 팔레스타인을 아랍 독립국과 유대 독립국으로 분할

제2차 세계대전으로 국력을 소모한 영국은 팔레스타인 통치 문제를 수습하지 않고, 1947년에 위임 통치령인 팔레스타인을 그대로 유엔에 맡긴 채 철수했다. 이로 인해 제2차 세계대전 후 세계 분쟁의 불씨가 되는 팔레스타인 문제가 발생하게 된다.

1947년 11월, 유엔에서는 팔레스타인을 아랍 독립국과 유대 독립국으로 분할하는 '팔레스타인 분할 안'을 가결했다. 이 분할 안은 당시 팔레스타인 땅의 6%밖에 소유하지 않은 유대인에게 56%의 땅을 주는 것이었다.

영국의 위임 통치령이 정식으로 종료되는 1948년 5월 15일이 되기 8시간 전, 이스라엘은 갑자기 건국을 선언했다. 이에 맞선 아랍 측은

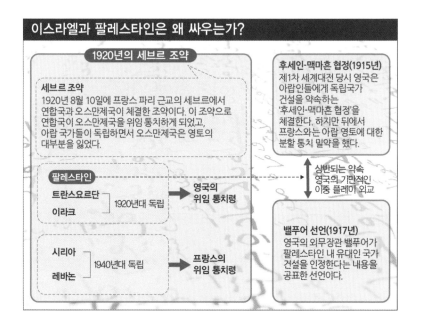

이스라엘과 팔레스타인은 왜 싸우는가?

1920년의 세브르 조약

세브르 조약
1920년 8월 10일에 프랑스 파리 근교의 세브르에서
연합국과 오스만제국이 체결한 조약이다. 이 조약으로
연합국이 오스만제국을 위임 통치하게 되었고,
아랍 국가들이 독립하면서 오스만제국은 영토의
대부분을 잃었다.

후세인-맥마흔 협정(1915년)
제1차 세계대전 당시 영국은
아랍인들에게 독립국가
건설을 약속하는
'후세인-맥마흔 협정'을
체결한다. 하지만 뒤에서
프랑스와는 아랍 영토에 대한
분할 통치 밀약을 했다.

팔레스타인
트란스요르단 ┐
　　　　　　　 ├ 1920년대 독립 → **영국의 위임 통치령**
이라크 ┘

상반되는 약속
영국의 기만적인
이중 플레이 외교

시리아 ┐
　　　　 ├ 1940년대 독립 → **프랑스의 위임 통치령**
레바논 ┘

밸푸어 선언(1917년)
영국의 외무장관 밸푸어가
팔레스타인 내 유대인 국가
건설을 인정한다는 내용을
공표한 선언이다.

군사적인 해결밖에 방법이 없다고 판단하고 전쟁을 시작했다(제1차 중동 전쟁). 이집트와 시리아, 요르단, 이라크가 아랍 측을 지원했고, 미국이 이스라엘을 지원했다. 초반에는 수적으로 우세한 아랍 측이 유리했지만, 영토적인 야심과 불신으로 인해 결속이 약해지면서, 뛰어난 무기를 보유한 이스라엘군이 우위를 차지하기 시작했다.

1949년, 유엔 안전보장이사회의 휴전 결의안을 양측이 받아들여 전쟁은 일단락되었다. 그 결과 이스라엘은 분할 안을 웃도는 면적(전 국토의 80%)을 획득했고, 이로 인해 팔레스타인인 130만 명 가운데 100만 명이 난민이 되었다.

그리고 이집트는 시나이 반도 북부에서 해안선을 따라 길게 이어지는 면적 378제곱킬로미터의 가자 지구(Gaza Strip)를 점령하게 되었다. 가자 지구의 인구는 약 200만 명(2016년 추정)이며, 인구밀도와 인구 증가율이 세계 1위이다. 가자 지구의 중심 도시는 무함마드의 증조부가 매장되어 있다는 가자 지역으로 《구약성서》에도 종종 등장하는 오래된 도시이다. 이곳의 지명은 '요새'에서 유래했으며, '거즈(gauze)'라는 호칭도 이곳에서 직접 짜는 천을 이르는 말에서 생긴 것이다.

그리고 요르단은 요르단 강 서안의 6,080제곱킬로미터의 면적을 점령했는데, 이 지역은 팔레스타인의 20%에 해당한다.

제2차 중동 전쟁 승리로 이스라엘은 티란 해협의 통과권 확보

1956년 7월, 이집트의 나세르 대통령이 수에즈 운하를 국유화한다고 선언하자 영국과 프랑스, 이스라엘은 시나이 반도(아카드어로 '달'이라는 뜻)와 수에즈 운하 지구를 공격했다(제2차 중동 전쟁). 영국과 프랑스, 이스라엘은 이로 인해 전 세계의 비난을 받았고, 11월에 열린 유엔 긴급총회에서 정전 결의가 채택되면서 3국은 철군했다.

이 전쟁을 통해 이스라엘은 아라비아 반도와 시나이 반도 사이에 위치한 아카바 만(Gulf of Aqaba ; '갈대의 바다'라는 뜻)의 입구인 티란 해협 통과권을 확보했다. 티란 해협은 가장 좁은 곳이 6.5킬로미터밖에 안 되는데, 이곳에는 사우디아라비아령인 티란 군도가 있고 가장

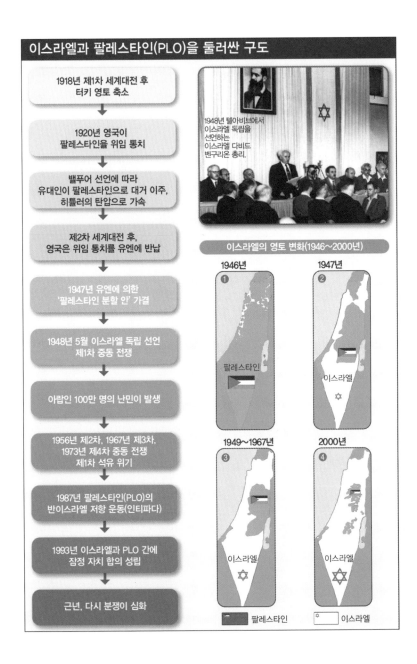

이스라엘과 팔레스타인(PLO)을 둘러싼 구도

1918년 제1차 세계대전 후
터키 영토 축소

↓

1920년 영국이
팔레스타인을 위임 통치

↓

밸푸어 선언에 따라
유대인이 팔레스타인으로 대거 이주,
히틀러의 탄압으로 가속

↓

제2차 세계대전 후,
영국은 위임 통치를 유엔에 반납

↓

1947년 유엔에 의한
'팔레스타인 분할 안' 가결

↓

1948년 5월 이스라엘 독립 선언
제1차 중동 전쟁

↓

아랍인 100만 명의 난민이 발생

↓

1956년 제2차, 1967년 제3차,
1973년 제4차 중동 전쟁
제1차 석유 위기

↓

1987년 팔레스타인(PLO)의
반이스라엘 저항 운동(인티파다)

↓

1993년 이스라엘과 PLO 간에
잠정 자치 합의 성립

↓

근년, 다시 분쟁이 심화

1948년 텔아비브에서
이스라엘 독립을
선언하는
이스라엘 다비드
벤구리온 총리.

이스라엘의 영토 변화(1946~2000년)

1946년
❶
팔레스타인

1947년
❷
이스라엘

1949~1967년
❸
이스라엘

2000년
❹
이스라엘

■ 팔레스타인   □ 이스라엘

깊은 곳에는 홍해로 나가는 출구인 중요한 항구 에일라트(Eilat)가 있어서 이스라엘에는 전략적으로 매우 중요한 장소였다.

1966년, 시리아의 바트당 정권이 팔레스타인 게릴라를 지원하면서 다시 이스라엘과의 긴장이 고조되었다. 1967년, 이집트의 나세르 대통령이 티란 해협을 폐쇄했고, 요르단과 군사 동맹을 체결해 이스라엘과의 대결 자세를 분명히 했다. 이에 대해 이스라엘 공군은 1967년 6월 이집트와 시리아, 요르단의 공군 기지를 전격적으로 기습 공격해 압도적인 우세 속에서 6일 만에 승리를 거두었다. 이 전쟁의 승리로 이스라엘은 시나이 반도를 점령했으며, 요르단 강 서안 지구와 가자 지구, 골란 고원을 공략했다. 이에 유엔 안전보장이사회가 즉시 정전을 결의해 쌍방의 수락하에 이 전쟁은 종결된다(제3차 중동 전쟁). 이스라엘의 압도적인 군사력 앞에 아랍 민족주의는 쇠퇴했고, 이스라엘과의 싸움은 아랍 국가에서 PLO(Palestine Liberation Organization ; 팔레스타인해방기구)로 이전되었다.

이스라엘과 팔레스타인의 계속되는 분쟁은 여전히 중동의 화약고

1973년, 이집트의 사다트(Anwar Sadat) 대통령은 시리아, 요르단과 손잡고 반격을 꾀한다. 이집트군은 수에즈 도항 작전을 실시했고, 시리아군은 골란 고원을 공격했다(제4차 중동 전쟁). 아랍 국가들은 지원 부대를 파견했을 뿐만 아니라 긴급히 재정을 지원해 석유 가격을 인상하고 생산을 삭감하는 이른바 '석유 전략'을 발동했다. 이것이 세

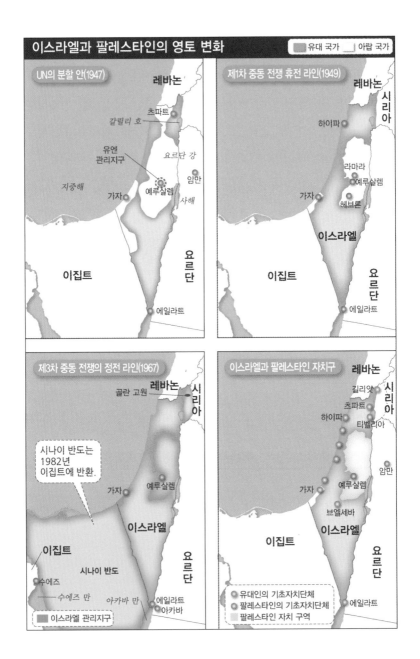

이스라엘과 팔레스타인의 영토 변화 　유대 국가 　아랍 국가

UN의 분할 안(1947)
레바논
갈릴리 호 　츠파트
유엔 관리지구
요르단 강
지중해 　암만
가자 　예루살렘
사해
이집트 　요르단
에일라트

제1차 중동 전쟁 휴전 라인(1949)
레바논 　시리아
하이파
라마라
예루살렘
가자 　헤브론
이스라엘
이집트 　요르단
에일라트

제3차 중동 전쟁의 정전 라인(1967)
골란 고원 　레바논 　시리아
시나이 반도는 1982년 이집트에 반환.
가자 　예루살렘
이스라엘
이집트
시나이 반도
수에즈
수에즈 만 　아카바 만 　에일라트
아카바
이스라엘 관리지구 　요르단

이스라엘과 팔레스타인 자치구
레바논
길리앗 　시리아
츠파트
하이파 　티벨리아
암만
가자 　예루살렘
브엘세바
이집트 　이스라엘 　요르단
유대인의 기초자치단체
팔레스타인의 기초자치단체
팔레스타인 자치 구역
에일라트

계 경제에 큰 타격을 준 '제1차 석유 파동'이었다. 1974년, 유엔 안전보장이사회는 전투를 즉시 정지할 것을 요구했고, 이에 따라 이집트와 이스라엘은 병력 분리 협정에 조인했다.

사다트는 1974년이 되자, 종래의 사회주의 정책을 외자 도입과 수입 자유화, 공공 부문 민영화 등의 정책으로 바꾸면서 미국에 접근했다. 사다트는 1977년 이스라엘을 방문했고, 1978년에는 미국과 '캠프 데이비드 협정(Camp David Accords)'을 맺었으며, 1978년에는 '평화조약'을 체결했다.

1993년에는 이스라엘과 PLO가 팔레스타인의 잠정 자치에 기본 합의했고, 이스라엘군이 점령한 가자 지구와 요르단 강 서안 지구에서 팔레스타인의 자치를 인정했다. 다음 해에는 요르단도 이스라엘과 평화조약에 조인한다.

하지만 여전히 강공책을 취하는 이스라엘과, 인티파다(intifada)라고 하는 비무장 저항 운동을 전개하는 팔레스타인인의 분쟁에는 해소하기 힘든 불신과 증오가 깔려 있기 때문에 팔레스타인의 정세는 여전히 위험한 양상을 띠고 있다.

중동 분쟁의 원인은
종교와 석유의 문제였다

중동을 둘러싼 분쟁의 원인은 대부분 석유 이권과 종교 갈등이었다

　제2차 세계대전 후, 중동에서는 아랍 민족주의 대두, 근대화 노선과 이슬람 원리주의의 대립, 석유 이권을 둘러싼 열강의 싸움으로 국제 분쟁이 잇따라 발생했다. 또한 최근까지 일어난 이란 혁명, 이란과 이라크 전쟁, 이라크의 쿠웨이트 침공, 걸프전, 미국의 이라크 침공 등 일련의 분쟁은 중동을 매우 불안한 상황으로 만들고 있다. 여기에서는 석유 이권을 중심으로 자세한 내용을 살펴보겠다.

　1900년대 들어서서도 영국계 자본인 앵글로이란석유회사(Anglo－Iranian Oil Co., Ltd.)는 이란의 석유 이권을 독점한 뒤 계약 개정 협상에서 양보하지 않았다. 이에 이란의 불만이 고조되었고, 결국 급진파가 석유의 국유화를 결정하게 된다(1951).

모사데그 총리, 이란의 정치가이자 민족주의자로 석유의 국유화와 근대화를 단행했다.

팔레비 2세, 이란의 마지막 왕으로 국가의 근대화에 애썼지만, 이란 혁명으로 폐위되었다.

게다가 모사데그(Mohammed Mossadegh) 총리가 앵글로이란석유회사까지 국유화하자 영국은 이에 대한 대항 조치로 탱커 항로를 봉쇄했고, 국제 석유자본은 이란에서 석유를 매입하지 않기로 결정했다. 이 때문에 이란 경제는 큰 타격을 입는다.

1953년에 접어들자, 미국의 지원을 받은 국왕 팔레비(Pahlevi) 2세가 쿠데타로 모사데그 정권을 무너뜨렸고, 그다음 해에는 8대 석유자본(미국, 영국, 네덜란드, 프랑스계)이 이란 컨소시엄(consortium)이라는 합병회사를 조직해 국유화된 석유회사를 운영하게 되었다.

이란 국왕은 막대한 석유 수입으로 군의 근대화와 수도 건설, 농지개혁, 국영기업 불하, 교육 운동 등 이른바 '위에서부터의 근대화(백

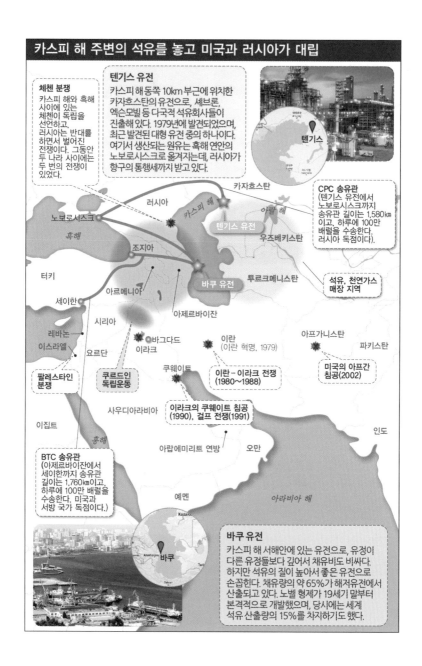

카스피 해 주변의 석유를 놓고 미국과 러시아가 대립

체첸 분쟁
카스피 해와 흑해 사이에 있는 체첸이 독립을 선언하고, 러시아는 반대를 하면서 벌어진 전쟁이다. 그동안 두 나라 사이에는 두 번의 전쟁이 있었다.

텐기스 유전
카스피 해 동쪽 10km 부근에 위치한 카자흐스탄의 유전으로, 셰브론, 엑슨모빌 등 다국적 석유회사들이 진출해 있다. 1979년에 발견되었으며, 최근 발견된 대형 유전 중의 하나이다. 여기서 생산되는 원유는 흑해 연안의 노보로시스크로 옮겨지는데, 러시아가 항구의 통행세까지 받고 있다.

텐기스

CPC 송유관
(텐기스 유전에서 노보로시스크까지 송유관 길이는 1,580km 이고, 하루에 100만 배럴을 수송한다. 러시아 독점이다.)

카자흐스탄
러시아
카스피 해
아랄 해
노보로시스크
흑해
텐기스 유전
우즈베키스탄
조지아
바쿠 유전
투르크메니스탄
터키
아르메니아
세이한
석유, 천연가스 매장 지역
아제르바이잔
시리아
레바논
바그다드
이란
(이란 혁명, 1979)
아프가니스탄
이스라엘
이라크
파키스탄
요르단
쿠르드인 독립운동
쿠웨이트
이란 - 이라크 전쟁 (1980~1988)
미국의 아프간 침공(2002)
팔레스타인 분쟁
이라크의 쿠웨이트 침공 (1990), 걸프 전쟁(1991)
사우디아라비아
이집트
홍해
아랍에미리트 연방
오만
인도
BTC 송유관
(아제르바이잔에서 세이한까지 송유관 길이는 1,760km이고, 하루에 100만 배럴을 수송한다. 미국과 서방 국가 독점이다.)
예멘
아라비아 해

바쿠

바쿠 유전
카스피 해 서해안에 있는 유전으로, 유정이 다른 유전들보다 깊어서 채유비도 비싸다. 하지만 석유의 질이 높아서 좋은 유전으로 손꼽힌다. 채유량의 약 65%가 해저유전에서 산출되고 있다. 노벨 형제가 19세기 말부터 본격적으로 개발했으며, 당시에는 세계 석유 산출량의 15%를 차지하기도 했다.

색 혁명)'를 추진했다. 이리하여 이란은 미국의 중동 거점이 되었다.

이때 이라크에서는 1958년에 혁명을 일으켜 왕정이 폐지되는데, 혁명을 주도한 카셈(Abdul Karim Kassem)은 1963년 바트당(아랍부흥사회당. 아랍의 통일과 사회주의를 표방) 쿠데타로 실각했다.

호메이니의 이란 혁명과, 미국의 지원을 받은 후세인의 이란 침공

1978년, 시아파 성지인 콤에서 시위가 일어나 사상자가 다수 발생한 사건이 있었다. 이를 계기로 이란 전 국토에 시위가 확산되고, 또한 군대 안에서도 동조자가 생겨나 같은 해 12월에는 시위대가 200만 명까지 늘어났다. 이란 국왕은 결국 이를 진압하지 못한 채 1979년 1월 망명길에 오르게 된다. 이것이 바로 이란 혁명이다.

그리고 2월이 되자 시아파 최고 지도자 호메이니(Ayatollah Ruhollah Khomeini)가 그동안 망명해 있던 프랑스에서 귀국해 혁명정부 수립을 선언했다. 그는 군부를 누르고 3월에 국민투표를 실시해 이슬람 원리주의가 주도하는 '이란 – 이슬람공화국(Jomhuri-ye Eslami-ye Iran)'을 출범했다.

호메이니는 이슬람 교리에 입각한 사회 규율을 회복시키면서 이란 컨소시엄에서 석유 이권을 빼앗고 산유량을 격감시켰다. 이로써 석유 가격이 단숨에 급등해(제2차 석유 파동) 세계적으로 불황이 확산되었다.

미국은 이런 이슬람 혁명의 파도가 사우디아라비아와 쿠웨이트 등의 주요 산유국으로 파급되는 것을 우려해, 인접국 이라크에 이란의 압박에 대한 기대를 걸고 접근했다. 당시 이라크에서는 바트당의 사담 후세인(Saddam Hussein)이 정권을 쥐고 있었다.

앞에서 일어난 이란 혁명이 이라크에도 파급되면 정권을 유지할 수 없다고 생각한 사담 후세인은 미국의 군사적인 지원을 받아 샤트 알아랍 강의 국경을 둘러싼 영토 분쟁을 구실로 이란과 전쟁을 시작했다(이란-이라크 전쟁, 1980~1988).

전쟁은 미국의 무기 지원을 받은 이라크 측이 우위를 보일 것이라고 예상했으나, 인구가 이라크의 3배나 되는 이란군의 사기가 높아 치열한 공방전을 주고받았다. 결국 1982년에 이란을 공격했던 이라크군이 철수했고, 반대로 이번에는 이란군이 이라크를 공격했다. 게다가 전쟁 중이던 1981년, 이스라엘은 자국에 발사할 핵무기를 이라크가 제조하고 있다는 것을 핑계로 바그다드 근교에 있던 원자로를 폭격했다.

결국 장기화된 전쟁은 교착 상태에 빠졌고, 1988년에 유엔의 정전 결의를 받아들이는 형태로 종결되었다.

이란-이라크 전쟁을 통해 군비를 증강했고, 프랑스에 대해 30억 달러의 채무를 지고 있던 후세인은 ① 바트당의 아랍 통일 이념을 실현하고, ② 과거 오스만투르크제국 시절일 때 쿠웨이트가 바스라 주의 일부였다는 점을 구실로 1990년 이라크군을 동원해 쿠웨이트를 침공했다.

이런 이라크의 무분별한 행동을 미국은 좌시할 수 없었다. 아랍 국

가 통일 운동이 진전되면 구미 선진국의 석유 이권을 위협한다고 판
단했기 때문이다. 따라서 미국은 이라크군에 점령당한 쿠웨이트를
해방시키고 사우디아라비아를 방어하기 위해, 다국적군을 조직해 대

루홀라 호메이니, 이란 혁명의 최고 지도자로 왕정을 부정하고 이란이 서구화되고 세속화되는 것을 반대했다.

사담 후세인, 전 이라크 대통령으로 쿠웨이트를 침공하여 걸프전을 일으키지만 패배하여 체포되고 처형되었다.

오사마 빈 라덴, 알 카에다의 지도자이자 국제 테러리스트로 악명을 떨치다가 미국에 의해 사살되었다.

조지 부시, 미국의 43대 대통령으로, 전통있고 친절하고 부드러운 미국을 통치 이념으로 표방했다.

규모 군사 행동을 단행했다.

유엔 안전보장이사회도 이라크에 대한 미국의 군사 행동을 승인해, 1991년 1월에 미국과 유럽 국가, 이집트, 시리아 등 28개국으로 구성된 다국적군이 쿠웨이트에 파견되었다(걸프전).

이라크는 첨단 무기의 공습과 전력 차이로 인해 불과 42일 만에 다국적군에 패했고, 이후 경제 봉쇄와 함께 미국과 영국군의 감시하에 놓이게 되었다.

수니파의 사우디아라비아와 시아파의 이란이 중동 주도권 놓고 충돌

전 세계 석유 매장량 가운데 4분의 1을 차지하고 있는 것으로 추정되는 사우디아라비아는 이슬람 원리주의의 세력이 매우 강한 나라이다. 따라서 미군이 주둔하게 되자, 사우디아라비아에서는 반미 세력이 끊임없이 반정부 활동을 펼쳤다. 그러던 중 2002년 9월 11일, 오사마 빈 라덴(Osama bin Laden)이 조직한 '알 카에다'가 공중 납치한 항공기로 뉴욕 세계무역센터 빌딩을 폭파하는 사건이 발생했다.

미국 대통령 부시(George W. Bush)는 '9.11' 사건을 계기로 전 세계의 테러 집단 퇴치를 목표로 삼아 대규모 군사 행동에 나서게 된다. 미국은 알 카에다를 지원한다는 이유로 아프가니스탄을 공격해, 소련의 군사 침공(1979~1989)을 격퇴하면서 파키스탄 등의 지원을 받아 지배 세력이 된 탈레반(Taleban ; 이슬람 원리주의를 표방) 정권을 무너뜨리고 아프가니스탄에 친미 정권을 세웠다.

그리고 2003년, 미국과 영국은 이라크의 대량살상무기가 테러 조직으로 유출될 우려가 있다고 주장하며 이라크와의 전쟁을 시작했다.

유엔 안전보장이사회의 프랑스와 독일, 러시아, 중국 등은 사찰을 계속한다면 대량살상무기를 폐기할 수 있다고 주장하며 이라크 침공에 반대했다. 하지만 미국은 이미 유엔은 시대의 요청에 대응할 수 없는 조직이라며, 영국 등 주요 동맹국과 함께 이라크 침공을 단행했다(이라크 전쟁).

수니파 원리주의의 사우디아라비아와 시아파 원리주의의 이란 사이에 쐐기를 박으려면 이라크에 친미 정권을 수립할 수밖에 없다고 생각한 것이다.

하지만 이라크에서 대량살상무기는 발견되지 않았고, 비록 후세인 제거에는 성공했다고 해도 이라크의 정세가 안정될 가능성은 전무한 실정이다. 전 세계를 공포에 떨게 한 수니파 과격 무장 세력 이슬람 국가(IS)가 진압되었다고는 하지만 이슬람 종파와 민족의 대립은 뿌리 깊고, 또 계속된 전란으로 인해 피폐해진 경제와 혼란스러운 정세는 중동 문제를 더욱 복잡하게 할 뿐이다.

유럽의 지명으로 전해지는
풍요로운 숲과 자연의 이야기

'개발'은 하면 할수록 자연 그대로의 모습이 사라지게 된다. 유럽을 선두로 하여 19세기 이후에 이루어진 급격한 공업화와 개발 정책은 지구의 모습을 크게 바꾸어놓았다. 하지만 지명 속에는 과거 풍요로웠던 자연이 그대로 살아 숨 쉬고 있다. 유럽 지명을 통해 이를 알아보자.

유럽은 본래 숲이 우거진 세상이었다. 그래서인지 숲과 관련된 지명이 많이 있다. 예를 들어 벨기에라는 국명은 켈트계 벨가이족(Belgae)에서 유

풍광이 뛰어난 라이프치히, 2004년, © Tilman Scheinpflug, W—C

래되었는데, 벨가이는 켈트어의 'bol(늪지대)'과 'gai(삼림)'가 합성된 지명으로 '늪지대 삼림'이라는 뜻이다.

또 포츠담 선언으로 유명한 베를린 교외의 포츠담은 '떡갈나무 아래'라는 뜻이며, 노르웨이의 수도 오슬로(Oslo)는 '신성한 숲'이라는 뜻이다. 괴테(Johann Wolfgang von Goethe)의 소설 《파우스트(Faust)》의 무대로 유명한, 독일 중앙에 위치한 도시 라이프치히(Leipzig)는 '보리수의 땅'이라는 뜻이며, 제2차 세계대전 전야에 독일이 체코슬로바키아에서 병합한 수데텐(Sudeten)은 '멧돼지의 숲'이라는 뜻이다.

유럽의 산업혁명을 견인했던 여러 도시와 지방의 지명도 자연의 향기가 가득하다. 영국에서 최초로 견직물업이 시작된 도시 더비(Derby)는 '사슴이 있는 곳'이라는 뜻이고, 일설에 따르면 면직물업의 중심 도시로 산업혁명을 이끌어온 맨체스터(Manchester)는 켈트어의 마키오므에서 기원했으며 '모피를 거래한 곳'이라는 뜻이다. 독일 공업을 선도한 수도 베를린(Berlin)은 '늪지대'라는 뜻이며, 유럽 최대 공업지인 루르(Ruhr) 지방도 강가에 붉은 토지가 드러나 있어 '붉은 강'이라는 뜻이다.

자연의 이미지를 더욱 풍부하게 전해주는 지명으로는 키루나(Kiruna), 베른(Bern), 하이델베르크(Heidelberg) 등이 있다. 스웨덴에 있는 세계 제일의 자철광 광산인 키루나는 '뇌조(雷鳥)의 산'이라는 뜻이고, 스위스의 베른은 '곰', 독일에서 가장 오래된 대학이 있는 도시 하이델베르크는 '월귤나무(Cowberry)'라는 뜻이다.

4장

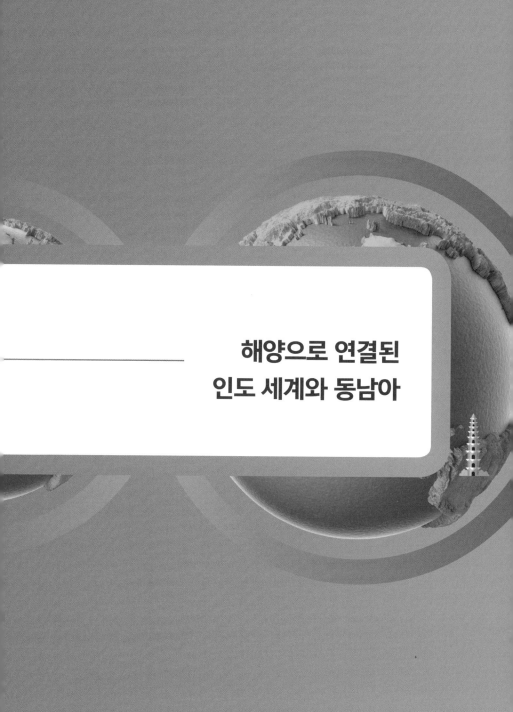

해양으로 연결된
인도 세계와 동남아

히말라야 산맥을 장벽으로
독자적인 '인도 문명' 탄생

인더스 강과 갠지스 강, 그리고 그 가운데의 힌두스탄 평야

인도의 국토 면적은 317만 제곱킬로미터로 남한의 약 32배이다. 인구 역시 12억 명(2017년 기준)이 넘어 남한의 약 25배이며, 중국에 이어 세계에서 두 번째로 인구가 많다. 그마저 오는 2025년경에는 중국을 추월할 수 있을 것으로 예상된다.

인더스 강에서 유래한 이름인 '인도'의 정식 명칭은 힌디어로 '바라트'이다. 바라트는 고대 서사시 《마하바라타》에 등장하는 바라타(Bharata) 왕에서 유래했다. 인도는 현재 인구가 2억 명(2017년 기준)을 넘긴 파키스탄(우르두어(Urdu language)로 '맑은 나라'라는 뜻)과 더불어, 인도양으로 돌출된 인도 반도를 무대로 독자적인 역사를 전개해왔다. 인도는 인구의 약 70%가 농촌에 사는 농업국이다.

대규모 산맥에 둘러싸인 인도의 지리적 환경

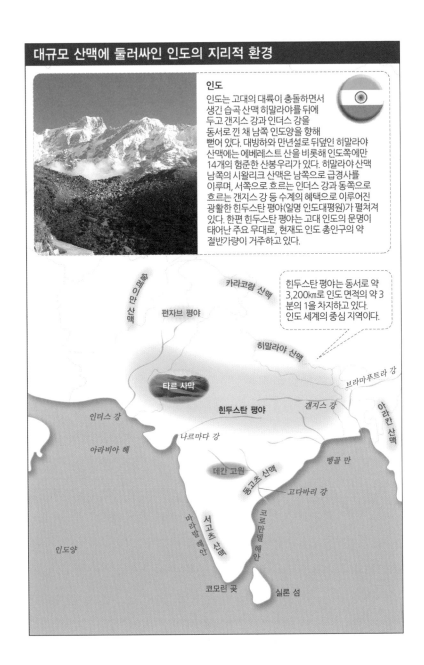

인도

인도는 고대의 대륙이 충돌하면서 생긴 습곡 산맥 히말라야를 뒤에 두고 갠지스 강과 인더스 강을 동서로 낀 채 남쪽 인도양을 향해 뻗어 있다. 대빙하와 만년설로 뒤덮인 히말라야 산맥에는 에베레스트 산을 비롯해 인도쪽에만 14개의 험준한 산봉우리가 있다. 히말라야 산맥 남쪽의 시왈리크 산맥은 남쪽으로 급경사를 이루며, 서쪽으로 흐르는 인더스 강과 동쪽으로 흐르는 갠지스 강 등 수계의 혜택으로 이루어진 광활한 힌두스탄 평야(일명 인도대평원)가 펼쳐져 있다. 한편 힌두스탄 평야는 고대 인도의 문명이 태어난 주요 무대로, 현재도 인도 총인구의 약 절반가량이 거주하고 있다.

힌두스탄 평야는 동서로 약 3,200km로 인도 면적의 약 3분의 1을 차지하고 있다. 인도 세계의 중심 지역이다.

술레이만 산맥

카라코람 산맥

편자브 평야

히말라야 산맥

타르 사막

브라마푸트라 강

인더스 강

힌두스탄 평야

갠지스 강

아라칸 산맥

나르마다 강

아라비아 해

벵골 만

데칸 고원

동고츠 산맥

고다바리 강

서고츠 산맥

코로만델 해안

마라발 해안

인도양

코모린 곶

실론 섬

인도의 공용어는 힌디어(Hindi language)이다. 하지만 이 밖에도 10만 명 이상이 사용하는 언어가 무려 60개 가까이 되며, 전체적으로는 1,600개 이상의 언어가 있다. 또한 북부의 아리아계 언어와 남부의 드라비다(Dravida)계 언어로 크게 구별되는데, 이 두 언어는 영어와 한글만큼이나 다르다고 한다. 인도는 중국과 마찬가지로 하나의 독립적인 '문명'이라고 해도 좋을 만큼 복합적인 사회이다.

동서로 평행하게 자리한 대규모 산맥 여러 개와 해발 7,600미터 이상 되는 고봉 30여 개로 이루어진 히말라야 산맥 때문에 대륙에서 격리된 인도 반도는 흑인인 드라비다인(주로 남부에 거주)과 백인인 아리아인(Aryan), 카이바르 고개(Khaibar Pass)를 넘어 아프가니스탄에서 침입한 여러 민족(주로 북부에 거주)의 손에 의해 고유한 역사가 전개되었다.

히말라야 산맥 남쪽에는 동서로 약 2,400킬로미터, 남북으로 약 280~400킬로미터에 이르는 광대한 힌두스탄 평야(Hindustan ; 페르시아어로 '힌두교도의 땅'이라는 뜻)가 있다. 이곳은 인더스 강(주요 작물은 밀)과 갠지스 강(주요 작물은 쌀)이 만들어낸 충적평야로, 고대부터 정치와 경제의 중심지로 마우리아 왕조를 비롯해 여러 왕조가 흥망성쇠하는 무대가 되었다.

특히 갠지스 강 유역은 방대하고 비옥한 토지를 형성하고 있어, 인도의 많은 인구를 부양하는 젖줄 역할을 하고 있다. 갠지스 강 유역의 평야에는 12세기 이후부터 이슬람교도가 침입했고, 16세기에 이르러서는 무굴제국(1526~1858)이 성립되어 평원 전체를 지배하기도

인도의 땅끝 마을 코모린 곶 카니아 쿠마리, 2011년, © Ravivg5, W-C

했다.

시바 신의 아내 여신 쿠마리가 목욕했다는 '코모린 곶'은 힌두교의 성지

힌두스탄 평원 남쪽에 위치한 용암으로 형성된 고지대가 바로 데
칸(Deccan) 고원이다. 이 고원과 북인도 사이에는 나르마다(Narmada)
강이 흐르는데, 이 강은 기쁨을 준다는 의미로 시바(Siva) 신의 화신
으로 여겨진다.

동쪽으로 경사져 있는 데칸 고원은 해발 600미터 정도의 고원으
로, 주요 하천은 모두 동쪽의 벵골 만(Bay of Bengal ; 아리아계 '방가인의

땅'이라는 뜻)으로 흘러든다. 게다가 인도양에서 부는 계절풍(몬순)이 서고츠 산맥(Western Ghats)에 차단되기 때문에 강우량이 매우 적고, 1년 가운데 6~9개월은 비가 내리지 않는 건기이다. '고츠'라는 말은 계단 모양의 경사면을 뜻한다.

인도 반도의 동서 해안선을 따라 각각 동고츠 산맥(Eastern Ghats)과 서고츠 산맥이 자리 잡고 있다. 동고츠 산맥은 평균 높이가 해발 약 450미터로 완만한 편이며, 벵골 만의 해안선을 따라 80~240킬로미터의 폭으로 펼쳐진 평야는 '코로만델(Coromandel) 지방'이라고 불린다. 이 지방은 해안선이 단조로워 항구가 많지 않다. '코로만델'이라는 이름은 과거 번영했던 초라만다람국의 '초라 지방'에서 유래되었다.

험준한 서고츠 산맥과 아라비아 해 사이에 위치한 50~110킬로미터 폭의 가늘고 긴 해안 평야가 '마라발 지방'이다. '마라발'이라는 이름은 드라비다어의 '마라(산)'와 아랍어의 '발(지방)'의 합성어로, '산이 있는 지방'이라는 뜻이다. 고온다습한 열대 몬순 기후인 이곳은 후추 등과 같은 향신료 산지로 유명하며, 이런 배경으로 인도양 교역의 중심지가 될 수 있었다.

한편, 반도 최남단에 위치한 코모린 곶(Cape Comorin ; 힌두교 시바 신의 아내인 '두르가(쿠마리)'에서 유래)은 아라비아 해와 인도양, 벵골 만을 한눈에 내려다볼 수 있는 곳으로, 이곳은 여신 쿠마리(Kumari)가 목욕한 장소라고 하여 힌두교의 성지가 되었다.

아리아인의 인도 침공으로 드라비다인은 남으로 이동

인더스 강 유역의 하라파와 모헨조다로에서 '인더스 문명'이 발생

기원전 2300년경, 인도 북서부(오늘날의 파키스탄)를 흐르는 인더스 강 유역에 '인더스 문명'이 일어났다. 인더스 강은 길이가 3,180킬로미터이고 유역 면적이 96만 3,000제곱킬로미터인 대하인데, '인더스'라는 명칭은 산스크리트어로 '강'을 의미하는 '신도프'에서 유래했다.

문명이 일어난 중심지는 인더스 강에서 700킬로미터나 떨어진 지점에 있는 모헨조다로(신도어로 '죽은 자의 언덕'이라는 뜻)와 하라파였다. 이 두 도시에 사용된 벽돌이 동일 규격인 것으로 미루어 인더스 문명을 대표하는 이 두 도시는 같은 문화에 속한다는 사실을 알 수 있다.

한편, 인더스 문명의 여러 도시는 페르시아 만을 경유해 메소포타미아와 교역했다. 이 사실은 화물의 봉니(封泥 : 문서 · 귀중품의 봉함(封緘)을 할 때 사용한 진흙 덩이)를 누르기 위한 인더스 문명의 고유한 활석제(滑石製) 인장이 티그리스 강과 유프라테스 강 유역, 페르시아 만 서안의 교역 중심인 바레인(Bahrain) 섬에서 발굴된 것으로 미루어 짐작할 수 있다.

면적이 716제곱킬로미터인 바레인 섬은 아라비아 반도의 페르시아 만 쪽에 위치해 있는데, 이 섬은 오지(奧地)의 담수(淡水)층과 페르시아 만 바깥쪽의 염분이 짙은 바다가 연결되는 출입구에 위치해 있어서 아랍어의 '바르(바다)'와 '레인(두 개)'이 합성되어 섬 이름이 되었다. 이곳은 예부터 인도와 교역하는 거점으로서 16세기에는 포르투갈에 점령당한 역사가 있다. 1986년에는 사우디아라비아와의 사이에 길이 24킬로미터의 다리가 건설되어, 현재는 아라비아 반도와 육지로 연결되어 있다.

활석제 인장에 새겨진 250~400종류의 글자를 통해 인더스 문자가 존재했다는 사실은 확인되었지만, 인장에 새겨진 글자가 너무 적어서 아직 글자의 의미를 해독하지 못해 인더스 문명은 밝혀지지 않은 부분이 많다.

전성기 때 인구가 3만 명이었다는 사방 1.6킬로미터의 도시 모헨조다로는 폭이 각각 10미터와 3미터인 '바둑판' 모양으로 정연하게 시가지를 정비했고, 각 집에는 오수조(汚水槽)가 설치되어 있었으며, 오수가 오수조의 4분의 3에 달하면 폭이 30센티미터인 하수구로 자동 배출되는 시스템도 마련되어 있었다.

이들은 면직물을 왕성하게 생산했고, 소와 보리수를 신성시했다. 또 도시에는 큰 목욕탕을 만들었고, '물의 정화력'이 신앙의 대상이 되었다. 현재의 인도 문화의 토대는 인더스 문명에 의해 구축되었다고 할 수 있다.

인더스 문명을 만든 사람은 흑인인 드라비다인(드라비다어는 현재 남인도에 거주하는 타밀(Tamil)인에게 계승되었고, 현재 약 1억 7,000만 명이 드라비다어를 사용하고 있다)이었다. 하지만 도시 건설에 필요한 벽돌을 대량으로 만들기 위해 인더스 강 유역의 많은 수목을 함부로 베어내는 바람에 여러 차례 홍수가 발생했고, 강의 수로도 변경되어 기원전 1700년경 인더스 문명은 붕괴하고 말았다. 환경 이변이 문명의 기반을 무너뜨린 것이다.

카이바르 고개를 넘은 아리아인이 드라비다인을 데칸 고원으로 추방

대륙에서 인도로 들어오는 입구에 위치한 나라가 바로 아프가니스탄이다. 이 아프가니스탄에 인접한 파키스탄 북서부에는 '카이바르 고개'가 있는데, 이곳은 중앙아시아에서 인도를 향해 파상적으로 침입하는 여러 민족의 침입 경로였다.

고대에도 아리아인이 아프가니스탄과 파키스탄을 연결하는 카이바르 고개(해발 1,000미터 정도이며 고갯길이 40킬로미터 정도 이어진다. 가장 높은 지점은 해발 1,029미터)를 넘어 인도에 침입해, 기원전 1500년

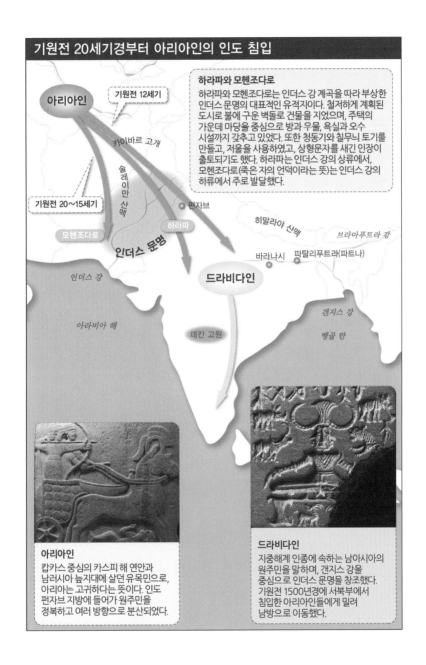

하라파와 모헨조다로

하라파와 모헨조다로는 인더스 강 계곡을 따라 부상한 인더스 문명의 대표적인 유적지이다. 철저하게 계획된 도시로 불에 구운 벽돌로 건물을 지었으며, 주택의 가운데 마당을 중심으로 방과 우물, 욕실과 오수 시설까지 갖추고 있었다. 또한 청동기와 칠무늬 토기를 만들고, 저울을 사용하였고, 상형문자를 새긴 인장이 출토되기도 했다. 하라파는 인더스 강의 상류에서, 모헨조다로(죽은 자의 언덕이라는 뜻)는 인더스 강의 하류에서 주로 발달했다.

아리아인

기원전 12세기

카이바르 고개

기원전 20~15세기

슐레이만 산맥

모헨조다로

펀자브

하라파

인더스 문명

히말라야 산맥

브라마푸트라 강

바라나시

파탈리푸트라(파트나)

드라비다인

인더스 강

아라비아 해

갠지스 강

데칸 고원

벵골 만

아리아인

캅카스 중심의 카스피 해 연안과 남러시아 늪지대에 살던 유목민으로, 아리아는 고귀하다는 뜻이다. 인도 펀자브 지방에 들어가 원주민을 정복하고 여러 방향으로 분산되었다.

드라비다인

지중해계 인종에 속하는 남아시아의 원주민을 말하며, 갠지스 강을 중심으로 인더스 문명을 창조했다. 기원전 1500년경에 서북부에서 침입한 아리아인들에게 밀려 남방으로 이동했다.

경에 충적평야가 펼쳐진 '펀자브 지방(Punjab ; 페르시아어로 '5개의 강'이라는 뜻)'에 정착했다. 펀자브 지방은 의미 그대로 인더스 강 본류와 상류의 지류 5개가 합류하는 지역인데, 1947년에 동서로 분할되어 동쪽은 인도령, 서쪽은 파키스탄령이 되었다.

한편, 인도에 침입한 아리아인은 이 지역의 원주민이며 흑인인 드라비다인을 평균 고도가 600미터 정도인 데칸 고원으로 쫓아냈다. 데칸 고원은 산스크리트어의 다크시나(오른손)와 파토하(나라)의 합성어로 '오른손의 나라', 즉 '남쪽 나라'라는 뜻인데, 당시 인도 사회에서는 정면을 향해서 볼 때 오른쪽이 남쪽이고, 왼쪽이 북쪽을 가리켰다. 산스크리트어는 인도 – 아리아계이므로, 아리아인의 침입 경로에서 본 위치를 나타낸 말인 듯하다.

인도 문화의 중심이 인더스 강에서 갠지스 강으로 이동

기원전 1000년경, 아리아인 가운데 일부는 원주민을 정복하면서 습하고 풍요로운 갠지스 강 유역으로 진출했다.

길이가 2,500킬로미터인 갠지스 강의 '갠지스'는 산스크리트어의 '강가(강)'를 영역(英譯)한 것이다. '강가'는 신성한 설산(雪山)인 히마바드(히말라야 ; '눈의 집'이라는 뜻)의 딸을 의미한다.

갠지스 강이 힌두스탄 평원에 접어들면 하구까지 약 1,000킬로미터를 흘러가는데, 이 1,000킬로미터의 해발 차이가 100미터밖에 안 된다. 이 강은 히말라야를 수원으로 하여 유유히 흐르며, 세계에서 가장 많은 비가 내리는 지대인 아삼(Assam)에 도달한다. 그리고 갠지스 델타에서 브라마푸트라(Brahmaputra) 강(힌두교의 3대 신 가운데 하나인 '브라흐마의 아들'이라는 뜻)과 합류한다. 두 강을 합치면 유역 면적이 173만 제곱킬로미터나 된다.

갠지스 강 중류에 위치한 바라나시는 힌두교도의 최대 성지

  평탄한 평야를 흐르는 갠지스 강은 2~3년에 한 번씩 대홍수를 일으켰지만, 강의 유역은 곡창 지대로서 인도 문명의 중심이 되었다. 힌두교도에게 갠지스 강은 신 자체이며, 사후에 유골을 이곳에 흘려보내면 극락왕생할 수 있다고 믿는 '성스러운 강'이었다.

파트나 거리, 1825년, 찰스 도일리, 예일 대학교 영국 미술센터

기원전 6세기에는 갠지스 강 중류 지역에 위치한 도시인 파탈리푸트라(산스크리트어로 '파탈리라는 나무의 아들'이라는 뜻)가 인도의 중심이 되었으며, 마가다국 등 16개 나라들이 서로 싸우게 된다.

파탈리푸트라는 마가다국, 마우리아 왕조, 굽타 왕조 등이 수도로 정했던 도시로, 오늘날 비하르 주의 주도(州都)이며 쌀의 집산지인 파트나(산스크리트어로 '마을'이라는 뜻)를 말한다. 카트만두(Katmandu) 관광지 입구에 위치한 파트나는 인구 90만 명 이상이 거주하는 대도시인데, 고대 인도를 대표하는 역사적인 도시이다.

오늘날에도 갠지스 강 중류에 위치한 바라나시(영어 이름은 베나레스(Benaresu), 지류인 바라 강과 아시 강 중간에 위치해 있으며 두 강의 이름을 합성한 것이다)는 힌두교도의 최대 성지로서 세계적으로 유명하며, 강가를 따라 5킬로미터나 이어지는 고츠(Ghat ; 목욕장)는 기도와 목욕, 장례식에 이용된다.

아리아인은 《베다('지식'이라는 뜻)》라는 성전에 뿌리를 두며 복잡한 의식을 중시하는 브라만교(바라문교 ; Brahmanism)를 발달시켰고, 드라비다인 등의 원주민과 자신들을 피부색으로 차별화하는 4가지 계층의 신분 제도(카스트)를 만들었다.

카스트는 나중에 다양한 직업을 가진 집단이 편입되면서 세분화되고 복잡해졌다. 직업과 신분은 세습되었고, 서로 다른 카스트 간의 결혼은 금지되었다.

굽타 왕조 후 불교는 쇠퇴, 힌두교가 인도 세계를 통일

힌두교의 '힌두'란 인더스 강을 뜻하는 산스크리트어의 '신두'에서 유래

힌두교의 '힌두'란 인더스 강을 의미하는 산스크리트어의 '신두'에서 유래했으며, 기원전 5세기경에 페르시아인이 인더스 강 유역에 사는 사람들을 가리키는 말로 사용했다가 이윽고 '인도 사람들'을 가리키게 되었다.

9억 명 이상의 신자를 보유한 힌두교는 인도 풍토에 뿌리를 내린 다양한 신앙과 풍속이 모여 만들어졌으므로 특별한 창시자는 없다.

힌두교도는 브라만(신관)과 소를 중요하게 생각하고(쇠고기를 먹지 않는다), 카스트 집단 안에서만 결혼하며, 해가 뜰 때 태양신을 찬양하는 찬가를 부른다. 또 파괴와 부활의 신인 시바와 유지의 신인 비슈누(Vishnu)로 이어지는 다양한 신들과 마을, 집, 종교 집단 고유의 여러 신들을 믿고 있다.

알렉산더 대왕의 인도 침공을 계기로 성립된 마우리아 왕조

인도 최초의 대제국인 마우리아 왕조는 알렉산더 대왕이 이끄는 대군이 서북 인도에 침입한 것을 계기로 성립되었다.

알렉산더 대왕이 인도 원정에 실패하고 철수한 뒤, 대군을 조직했던 마가다국의 찬드라굽타(Chandragupta)가 기원전 317년경에 마우리아 왕조를 일으켜 힌두스탄 평야를 정복했다. 또 제3대인 아소카(Asoka) 왕은 남인도의 드라비다인 정복에 나서 맹렬한 전쟁을 펼친

검푸른 목에 세 개의 눈을 가진 시바와 파르바티, 스미소니언 자연사박물관

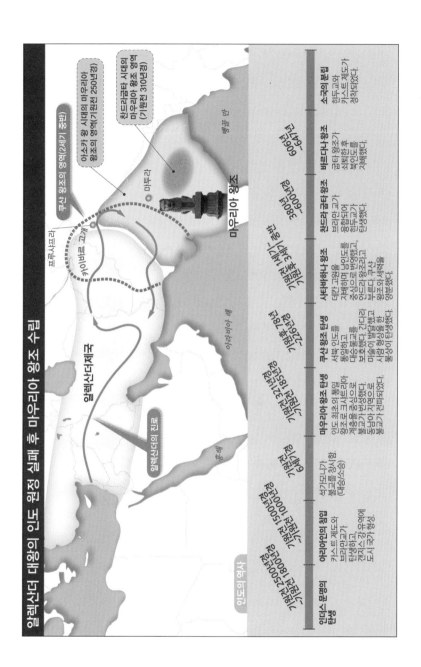

알렉산더 대왕의 인도 원정 실패 후 마우리아 왕조 수립

끝에 남단 지역을 제외한 인도 반도 대부분을 지배했다.

아소카 왕은 지방의 자립성을 인정하면서 '불교'라는 이데올로기로 인도 세계를 통합하려고 했지만 제대로 되지 않았다. 결국 아소카 왕이 죽은 뒤 반세기 만에 마우리아 왕조는 멸망하고 만다.

마우리아 왕조가 멸망한 뒤, 아프가니스탄에서 인도로 진출한 쿠샨 왕조가 간다라 지방의 프루샤프라(산스크리트어로 '인류의 마을'에서 유래, 무굴제국의 악바르 황제가 오늘날의 페샤와르로 개명)와 중부에 위치한 자무나 강(브라마푸트라 강 : Brahmaputra) 우측 연안의 마투라('신에 속하는 것'이라는 뜻, 오늘날에는 힌두교 크리슈나 신의 성지)를 중심으로 해 갠지스 강 유역까지 지배 지역을 넓혔다. 이 왕조의 전성기는 카니시카(Kanishka) 왕 시절이었다.

동서 교역의 요충지를 지배한 쿠샨 왕조에서는 간다라 미술로 알려진 불교 예술과 대승불교가 번성했는데, 오늘날 인도에서는 이 왕조를 정복 왕조라고 부른다.

굽타 왕조는 힌두교의 비슈누 신을 숭배하고 《마누 법전》도 완성

쿠샨 왕조가 서아시아의 사산 왕조의 공격을 받고 쇠퇴하면서, 320년에 갠지스 강 중류 지역을 중심으로 찬드라굽타 1세가 굽타 왕조를 건설했다. 이 왕조의 왕들은 자신들을 '왕 중의 왕'이라고 칭했고, 힌두교의 비슈누 신(태양신)을 숭배했으며 산스크리트어를 공용어로 삼았다.

또 왕의 비호하에 각지에 힌두 사원이 건립되면서, 불교는 갈수록 힌두교에 눌리게 되었다. 힌두교도들의 생활에 기준이 된《마누 법전》과 민족 서사시《마하바라타》,《라마야나》도 이 시기에 완성되었으며, 아라비아 숫자의 기원이 되는 인도 숫자와 제로의 개념도 이 시기에 생겨났다.

무굴의 이슬람교 강요로
힌두교의 인도는 대분열

터키인의 무굴제국이 어떻게 인도를 지배할 수 있었나?

티무르제국(1370~1507)은 중앙아시아에서 몽골제국의 부흥을 꾀했지만 달성하지 못했다. 결국 이 제국 최후의 왕인 바부르(Babur)는 터키계 유목민 우즈베크족에게 서(西)투르키스탄을 빼앗기고, 현재 아프가니스탄 수도인 카불(페르시아어로 '창고'라는 뜻)로 도망쳤다.

영리한 아프가니스탄의 왕 바부르는 북인도 사회가 혼란에 빠졌다는 사실을 알고서 뛰어난 화포를 보유한 군대를 동원해 침략을 감행했다. 곧바로 자기의 10배나 되는 병력을 갖춘 북인도의 지방정권 군대를 물리치고, 자무나 강부터 갠지스 강 유역의 입구에 위치한 요충지 델리(Delhi ; '입구, 현관'이라는 뜻)를 점령했다. 이어서 갠지스 강 유역을 평정한 뒤 자신의 부하에게 통치를 맡긴다. 이로써 1526년 인

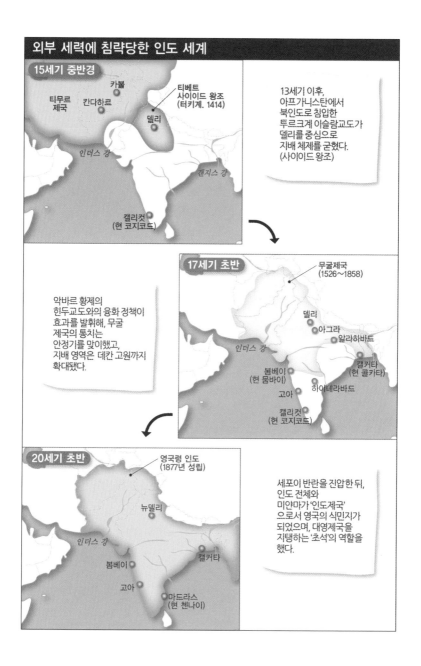

외부 세력에 침략당한 인도 세계

15세기 중반경

- 티무르 제국
- 카불
- 칸다하르
- 티베트 사이이드 왕조 (터키계. 1414)
- 델리
- 인더스 강
- 갠지스 강
- 캘리컷 (현 코지코드)

13세기 이후, 아프가니스탄에서 북인도로 침입한 투르크계 이슬람교도가 델리를 중심으로 지배 체제를 굳혔다. (사이이드 왕조)

17세기 초반

악바르 황제의 힌두교도와의 융화 정책이 효과를 발휘해, 무굴 제국의 통치는 안정기를 맞이했고, 지배 영역은 데칸 고원까지 확대됐다.

- 무굴제국 (1526~1858)
- 델리
- 아그라
- 알라하바드
- 인더스 강
- 캘커타 (현 콜카타)
- 봄베이 (현 뭄바이)
- 하이데라바드
- 고아
- 캘리컷 (현 코지코드)

20세기 초반

- 영국령 인도 (1877년 성립)
- 뉴델리
- 인더스 강
- 봄베이
- 캘커타
- 고아
- 마드라스 (현 첸나이)

세포이 반란을 진압한 뒤, 인도 전체와 미얀마가 '인도제국'으로서 영국의 식민지가 되었으며, 대영제국을 지탱하는 '초석'의 역할을 했다.

도에 '무굴제국'이 탄생하게 되었다.

'무굴'은 '몽골'의 사투리이다. 무굴제국은 페르시아어를 공용어로 삼은 국가로, 지배층은 이곳을 침략한 터키계 민족(이슬람교)인 전형적인 정복 왕조였다.

아프가니스탄의 조종을 받았던 무굴제국이 인도 사회에 뿌리를 내린 것은 3대 황제인 악바르(Akbar) 황제(재위 1556~1605) 시대였다. 13세 9개월의 나이로 즉위한 악바르 황제는 인구 대부분을 차지하는 힌두교도를 회유하지 못한다면 무굴제국을 인도제국으로 만들 수 없다고 생각했다.

그래서 그는 유력한 힌두교도 부족에서 비(妃)를 맞이하는 한편, 힌두교도에 대한 차별적인 세금을 철폐했으며, 유력자를 정부의 고위 관리로 맞이했다. 그는 또 '위대한 정복자'로서 힌두스탄 평야를 평정해 아프가니스탄과 통합된 대제국을 실현했다.

악바르 황제는 인도 지배의 요충지로 자무나 강 오른편에 새 도시 아그라('아리아인의 집'이라는 뜻)를 건설했으며, 성새와 화려한 건축물을 제국의 상징으로 삼았다. 또 자무나 강과 갠지스 강의 합류 지점에 위치한 성지에 아그라 성을 구축한 뒤, 이슬람교의 신 알라에서 따와 알라하바드(알라의 도시)라고 명명했다.

또 페르시아어의 지명 접미사인 '아바드'를 붙인 이슬람 식민 도시를 인도 각지에 건설했다. 예를 들어 남인도의 대도시 하이데라바드는 페르시아어의 '사자(라이언)의 도시'에서 유래한 것이다. 파키스탄에도 같은 이름의 도시가 있다.

무굴의 샤자한 황제는 아내 뭄타즈 마할을 위해 '타지마할' 건설

무굴제국의 전성기를 맞이한 제5대 황제 샤자한(Shah jahan)은 페르시아계의 절세미인 뭄타즈 마할(Mumtaj Mahal ; '왕궁에서 가장 아름다운 꽃'이라는 뜻)과 결혼해 19년 동안 살면서 모두 14명의 자녀를 뒀다. 뭄타즈 마할이 14번째 아이를 출산하다 39세의 젊은 나이로 세상을 떠나자, 그녀에 대한 사랑의 증거로 2만 명의 장인과 노동자를 동원하고 22년이라는 시간을 들여 묘(廟)를 건축했다.

이 묘가 바로 사방 약 57미터의 건물로, 높이 약 58미터의 돔 지붕을 가진 타지마할('타지'는 뭄타즈의 애칭)이다.

이탈리아에서 수입한 흰색 대리석에 새긴 섬세한 조각과 격자 세

타지마할, 2010년, © Yann, Jim Carter, W-C

공을 갖춘 이 건물은 '환상의 대리석'이라고 불리는데, 이는 전성기 시절 무굴제국의 부(富)를 나타내는 증거이기도 했다. 현재 타지마할은 유네스코 세계문화유산으로 등록되어 있다.

샤자한의 뒤를 이은 아우랑제브(Aurangzeb) 황제는 이슬람교도라는 사명감이 매우 투철한 왕이었다. 그는 군사 행동을 반복해 데칸 고원 이남으로 영토를 확대함으로써 제국의 영토를 가장 크게 만들었다. 하지만 그는 전 인도의 이슬람화를 추진하면서 힌두교도에 대한 차별적인 세를 부과하는 등의 정책을 펼친 탓에 각지에서 힌두교도들의 반란이 일어났고, 결국 제국은 혼란과 분열이 일어나 '전국시대'와 같은 양상을 띠게 되었다.

이런 가운데 '세포이(Sepoy ; 페르시아어로 병사를 의미하는 '시파시'에서 유래)'라는 인도인 용병을 고용한 영국과 프랑스의 동인도회사가 세력을 확장해나간다.

카슈미르 분쟁을 일으킨 힌두교와 이슬람교의 대립

영국은 무굴제국을 무너뜨리고 인도를 식민지로 만들었다

영국은 인도인 용병 '세포이'를 이용해 인도 각지의 번왕(藩王, 마하라자)을 잇따라 무찔러, 19세기경까지 인도의 주요 지역을 지배하에 넣었다. 이로써 인도는 영국의 실질적인 식민지가 되었다.

영국이 인도를 자국의 공업 제품 시장으로 바꾸어놓자, 인도의 전통 산업인 면직물업은 쇠퇴하고 말았다. 그러자 그때까지만 해도 영국의 세력 확대를 도와온 '세포이'가 1857년 일제히 봉기했다(세포이 항쟁).

봉기군은 영국의 세력을 인도에서 쫓아냈지만, 영국 동인도회사는 네팔의 그루카병(그루카는 산스크리트어의 '목동'을 의미하는 고라크샤에서 유래)과 본국에서 온 원군을 이용해 반격했다. 결국 영국은 옛 지배층의 분열을 교묘하게 이용해 1859년에 승리를 거두었다. 영국은 그렇게 무굴제국을 무너뜨리고 동인도회사를 해산한 다음, 1877년 빅토리아 여왕을 황제로 하는 '영국령 인도제국'을 성립해서 인도를 완전히 식민지로 만들었다.

이때 영국은 인도 전체 면적의 45%를 차지하는 지역에 있는 크고 작은 번왕국(번왕은 힌두교도인 경우에는 '마하라자'이고, 이슬람교도인 경우에는 '나와브'라고 불렀다) 562개가 반독립국가 상태로 존속하는 것을 허용했다. 하지만 이때 맺어진 조약에 따라 번왕국은 영국 주둔관의 감시를 받아야 했고, 전시에는 식민지 정부에 협조하게 되었다.

인도와 파키스탄은 카슈미르 지배권을 놓고 2차례나 전쟁

제2차 세계대전 후인 1947년, 70년에 걸친 영국의 지배가 끝난다. 이로써 이슬람교도의 동서 파키스탄과 힌두교도의 인도 연방도 분리 독립하게 된다.

인도의 국명은 인더스 강 유역을 의미하지만, 인더스 강 유역은 파키스탄령이 되었다. 파키스탄은 1958년에 새 수도를 건설해 '이슬라마바드(Islamabad : '이슬람의 도시'라는 뜻)'라고 명명했다.

인도와 파키스탄이 분리 독립할 때, 1,500만 명의 주민 가운데 힌두교도는 인도로, 이슬람교도는 파키스탄으로 대거 이동했는데, 이때 큰 충돌이 생겨 20만 명에서 50만 명이 목숨을 잃었다. 두 교도의 융화를 주장한 비폭력 불복종의 독립운동 지도자 간디(Mahatma

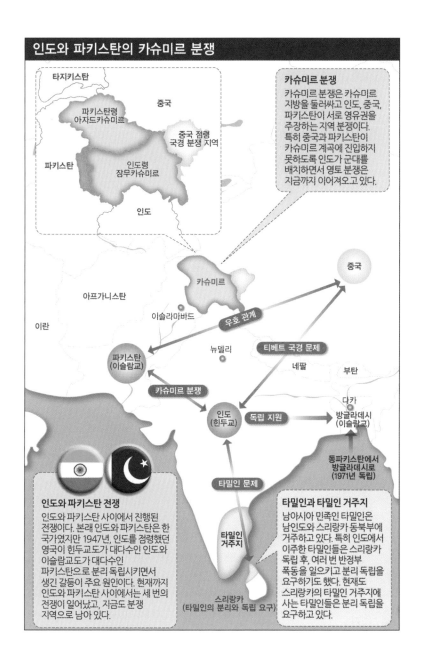

인도와 파키스탄의 카슈미르 분쟁

타지키스탄

중국

파키스탄령
아자드카슈미르

중국 점령
국경 분쟁 지역

파키스탄

인도령
잠무카슈미르

인도

카슈미르 분쟁

카슈미르 분쟁은 카슈미르 지방을 둘러싸고 인도, 중국, 파키스탄이 서로 영유권을 주장하는 지역 분쟁이다. 특히 중국과 파키스탄이 카슈미르 계곡에 진입하지 못하도록 인도가 군대를 배치하면서 영토 분쟁은 지금까지 이어져오고 있다.

중국

카슈미르

아프가니스탄

이슬라마바드

우호 관계

이란

뉴델리

티베트 국경 문제

네팔

부탄

파키스탄
(이슬람교)

카슈미르 분쟁

다카

인도
(힌두교)

독립 지원

방글라데시
(이슬람교)

동파키스탄에서
방글라데시로
(1971년 독립)

타밀인 문제

인도와 파키스탄 전쟁

인도와 파키스탄 사이에서 진행된 전쟁이다. 본래 인도와 파키스탄은 한 국가였지만 1947년, 인도를 점령했던 영국이 힌두교도가 대다수인 인도와 이슬람교도가 대다수인 파키스탄으로 분리 독립시키면서 생긴 갈등이 주요 원인이다. 현재까지 인도와 파키스탄 사이에서는 세 번의 전쟁이 일어났고, 지금도 분쟁 지역으로 남아 있다.

타밀인과 타밀인 거주지

남아시아 민족인 타밀인은 남인도와 스리랑카 동북부에 거주하고 있다. 특히 인도에서 이주한 타밀인들은 스리랑카 독립 후, 여러 번 반정부 폭동을 일으키고 분리 독립을 요구하기도 했다. 현재도 스리랑카의 타밀인 거주지에 사는 타밀인들은 분리 독립을 요구하고 있다.

타밀인
거주지

스리랑카
(타밀인의 분리와 독립 요구)

Gandhi)도 이 소용돌이 속에서 암살당했다.

　독립하면서 큰 문제가 된 것이 바로 식민지 시대에 영국의 보호국이었던 번왕국 562개를 처리하는 문제였다.

　이런 번왕국의 처리는 1951년까지 거의 해결되었지만, 번왕이 힌두교도이면서 주민 대다수는 이슬람교도였던 카슈미르 지방의 귀속과 관련해 인도와 파키스탄이 서로 양보하지 않자, 제1차 인도 - 파키스탄 전쟁(1947~1949)이 일어난다.

　1949년, 유엔 결의로 정전 라인이 결정되어 남쪽의 인도 지배 지역과 북쪽의 파키스탄 지배 지역으로 나뉘었다. 하지만 양측 모두 납득하지 않아 1965년과 1971년 두 차례에 걸쳐 전쟁을 벌였다. 1972

카슈미르의 파할감 계곡, 경치가 매우 아름다워서 관광지와 영화 촬영 장소로 유명하다.
© KennyOMG, W-C

년에 잠정적으로 경계선이 결정되긴 했지만, 지금도 여전히 미해결의 문제점을 안고 있는 이것이 바로 '카슈미르 문제'이다.

카슈미르는 면적이 약 22만 2,000제곱킬로미터이며, 인도와 파키스탄, 중국에 둘러싸인 인구 약 1,100만 명의 산악 지대이다. 카슈야파 왕(원서에는 왕이라고 되어 있으나 '카슈야파'라는 한 수도승이 광대한 호수를 간척해 육지를 만들었다고 한다 - 역주)이 이 지역을 개척했으며, 카슈미르라는 지명은 이 왕의 이름에서 따온 것이다.

이 지방의 특산품은 어린 캐시미어 염소의 털을 원료로 만든 직물 '캐시미어'이다. 참고로 캐시미어 염소 한 마리에서 채취할 수 있는 3~7센티미터의 털은 1년에 150~200그램 정도밖에 안 된다.

1971년에 일어난 제3차 인도 - 파키스탄 전쟁은 파키스탄의 일부였던 동파키스탄이 독립을 선언하면서 발생했다. 즉, 동파키스탄의 독립을 진압하기 위해 파키스탄이 군사 행동을 일으키자 인도군이 동파키스탄을 지원함으로써 전쟁이 발발한 것이다. 이 전쟁은 인도의 압승으로 끝났고, 그 결과 방글라데시(Bangladesh)가 독립을 달성했다.

한편, 1998년이 되자 두 나라는 잇따라 핵 실험을 실시, 지역 분쟁이 핵전쟁으로 확대될 가능성을 보여주었다.

태평양과 인도양을 잇는
믈라카 해협은 교통 요충지

13세기까지 동남아는 인도 문명의 영향하에 있었다

면적이 남한의 약 45배나 되는 동남아는 하나의 거대한 세계이다. 하지만 '동남아'라는 말은 제2차 세계대전에서 연합군이 작전 용어로 사용한 '사우스 이스트 아시아(South-east Asia)'를 번역한 것으로, 이 말을 사용한 것은 얼마 되지 않았다.

19세기에 이 땅에 진출한 유럽인은 인도차이나(Indochina ; '인도와 차이나(중국)의 중간에 위치한 땅'이라는 뜻)와 인도네시아(Indonesia ; '인도의 섬들'이라는 뜻, 영국인이 부르던 속칭) 등으로 불렀다. 즉, 이곳을 힌두 세계의 변경 지역으로 보았던 것이다.

확실히 중국 문명의 영향을 받은 베트남(Vietnam) 북부를 제외하고, 13세기까지 동남아는 인도 문명의 영향하에 있었다. 예를 들어 말레

동남아시아의 통합과 해상 무역에 영향을 미치는 몬순 기후

여름철 몬순
여름철 몬순(여름 계절풍)은 인도 몬순의 영향에 의한 남서풍과, 북태평양 고기압의 남부 동남아시아로부터 불어오는 남동풍과 서도 횡단할 수 있는 지역이 특징적이다. 특히, 벵골 1년에 2~3번 수확할 수 있다. 또 플랜테이션 농업(서양의 자본과 기술을 제공하고, 원주민과 현지인의 값싼 노동력으로 농사를 짓는 것)이 발달한 것이기도 하다.

겨울철 몬순
겨울철 몬순(겨울 계절풍)은 중국 대륙과 남중국해에 강한 영향을 주는 겨울 북동풍이 적도를 지나 북오스트레일리아에 북서 몬순을 형성하는 북풍이다.

- **믈라이**
  (산지'라는 뜻)
- **자바**
  (곡물'이라는 뜻)
- **수마트라**
  (바다'라는 뜻)
- **미얀마**
  (용자(勇者)'라는 뜻)
- **싱가포르**
  (사자의 마을'이라는 뜻)
- **자카르타**
  (승리의 마을'이라는 뜻)

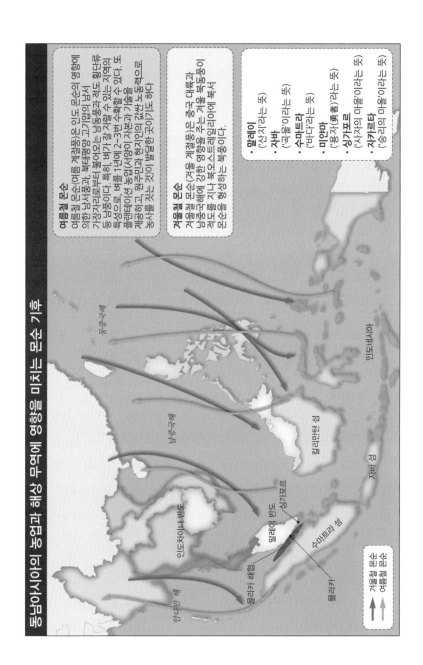

동중국해

남중국해

칼리만탄 섬

자바 섬

인도차이나반도

싱가포르

믈라카 해협

믈라카

말레이 반도

수마트라 섬

안다만 해

인도양

겨울철 몬순
여름철 몬순

이(Malay) 반도와 자바(Java) 섬, 수마트라(Sumatra) 섬 등의 지명과 미얀마(Myanmar) 등의 국명, 싱가포르(Singapore), 자카르타(Jakarta) 등은 모두 인도어에서 유래한 것이다.

다양한 환경의 동남아는 일부를 제외하고는 농업 발달이 늦었고 인구가 적으며, 북쪽에서 남쪽을 향해 파상적으로 민족 이동이 반복된 지역이었다. 19세기 초반에도 총인구가 1,000만 명 정도였으며, 여기에 화교(중국인 이민자)와 인교(인도인 이민자)가 이주하면서 인구가 급격히 증가했다.

오늘날에도 수백 척의 대형 유조선이 왕래하는 '오일 라인'의 요충지

동남아는 말레이 반도와 수마트라 섬 사이에 있는 길이 800킬로미터에 폭 50~320킬로미터의 믈라카(Malacca ; '멜라카(melaka)'라는 방향을 내는 나무에서 유래) 해협을 중심으로, 인도양과 벵골 만, 남중국(South China)해가 교차하는 '바닷길'의 요충지에 위치해 있다.

동쪽이 좁은 믈라카 해협은 북쪽 인도양의 내해인 안다만(Andaman) 해와 남쪽의 남중국해를 연결하는 해협으로, 이곳에는 빈탄 섬(Pulau Bintan ; 보크사이트(bauxite)의 산지, '별'이라는 뜻)과 바탐 섬 등의 리아우 제도(Riau Archipelago)가 있다.

이 두 개의 섬과 싱가포르 옆에 위치한 말레이시아의 조호르 주(Johore, '카시아 계피나무'라는 뜻)는 싱가포르의 자본 투자 덕분에 '발전하는 삼각지대'라고 불리고 있다.

말레이시아 믈라카에서 바라본 믈라카 해협, 멀리 인도네시아가 보인다.

믈라카 해협은 양쪽 해안이 산맥에 둘러싸여 있기 때문에, 바람에 의지해 항해하는 범선이 나아가기에는 어려운 곳이었다. 또 종종 해적의 습격에다 얕은 곳이 많아 항해하기 힘들었으며, 남북으로 풍향이 다른 계절풍(몬순)을 기다려야만 했다.

영국이 구축한 피낭(Pinang ; '빈랑나무'라는 뜻) 섬의 조지타운(George Town ; 영국 국왕 조지 3세에서 유래)과 싱가포르(산스크리트어로 '사자의 마을'이라는 뜻), 전통적인 무역항 믈라카가 이 해협의 중요한 항구가 되었다.

동남아는 열대산 향신료와 향목, 금 등의 특산품이 풍부해서 인도 상인과 이슬람 상인, 중국 상인이 동남아로 진출했다. 그 뒤를 이어 유럽 상인이 진출했기 때문에 다양한 문명이 섞여 국제성이 짙은 지역이 되었다. 오늘날에는 하루 평균 300척의 대형 유조선이 왕래하는 '오일 라인'의 중요한 교통로 역할을 하고 있다.

고대 인도의 수미산을 본뜬
크메르인의 앙코르와트

티베트 고원에서 출발해 인도차이나 반도를 흐르는 대하 메콩 강

동남아에서 가장 오래된 나라는 메콩(Mekong) 강 하류에 건설된 '부남(扶南 : '산'이라는 뜻)'인데, 이 나라는 인도인 이주자와 크메르인이 1~2세기에 건국했다.

부남의 외항 오케오(Oc-Ao : 캄보디아어로 '아름다운 수로'라는 뜻)에서는 로마의 금화와 중국의 청동 거울 파편도 발견되었는데, 이로써 이 나라가 넓은 교역권을 보유하고 있었다는 사실을 알 수 있다.

메콩 강은 티베트 고원에서 시작해 중국과 라오스(Laos), 타이 (Thailand), 캄보디아(Cambodia), 베트남(Vietnam)의 5개국을 흐르는 동남아에서 가장 큰 대하로, 길이가 약 4,180킬로미터이고 유역 면적은 8만 1,000제곱킬로미터나 된다.

톤레사프 호의 원주민들, 2015년, © Dmitry A. Mottl, W–C

 동남아 최대 담수호인 캄보디아의 톤레사프(Tonle Sap) 호는 우기에
서 건기에 걸쳐 수량이 3분의 1로 감소하는 메콩 강 하류 델타 지역
의 수량을 조절하는 역할을 했다.

 메콩 강은 오늘날의 프놈펜(Phnom Penh) 부근에서 크게 둘로 나뉘
고, 캄보디아와 베트남으로 다시 나뉘어 비옥한 델타 지역을 만들어
냈다. 이 거대한 델타 지대에서 동남아 국가가 형성되기 시작했다.

 베트남 델타의 최대 도시는 사이공(크메르어의 '도시의 숲'에서 유래)
으로, 이곳은 외양선이 그대로 역행할 수 있는 항구이다. 오늘날에는
베트남의 독립운동 지도자인 호치민(Ho Chi Minh)의 이름에서 따와
'호치민'이라고 부른다.

 메콩은 타이어(語)로 '아주 큰 강'이라는 뜻이다. 이 강을 중국
에서는 타이어의 '란상('100만 마리의 코끼리'라는 뜻)'에서 따와 란창

(Lancang : 瀾滄) 강이라고 부른다. 특히 메콩 강은 베트남에서 뱀처럼 구불구불 나아가면서 몇 갈래로 나뉘는데, 이 강을 머리가 아홉 개 달린 용에 비유해 '구룡강(九龍江)'이라고 부르기도 했다.

메콩 강 하류에서 활약했던 사람들은 크메르(Khmer)인과 참인이었다. 참인이 세운 베트남 남부의 참파(Champa)도 인도 문명의 영향을 강하게 받았다. 오늘날 소수민족으로 전락한 참인은 어업과 교역에 종사하고 있으며 이슬람교도가 많다.

고대 인도에서 우주의 중심이었던 수미산을 본떠 건설한 앙코르와트

6세기 크메르인(크메르인의 태조인 '독립한 캄푸 왕'이라는 뜻으로 캄보디아라고도 함)은 메콩 델타에 '앙코르(힌디어로의 '나가라(도시)'가 변한 것)'를 수도로 하는 대농업국을 건국했고, 전성기인 12세기에는 힌두교의 우주 중심에 있는 수메르(Sumer) 산을 본떠 앙코르와트(Angkor Wat)를 건립했다.

수메르 산은 수미산(須彌山), 마하메루(위대한 메루)라는 별칭이 있으며 '묘고산(妙高山)'이라고도 번역한다. 이 말은 장대한 천극(天極)이라는 뜻이며, 시바 신이 사는 곳이라는 해발 4,560미터의 티베트 남서부에 위치한 카일라스(Kailas) 산을 가리킨다.

약 850미터와 1,000미터 사방의 광대한 지역에 세워진 대규모 건조물인 앙코르와트는 대해를 상징하는 폭 190미터와 길이 5.4킬로미터의 연못에 둘러싸여 있다. 이곳은 왕의 영묘(靈廟)이기도 하기 때

동남아시아 각 지역에 소승불교 전파

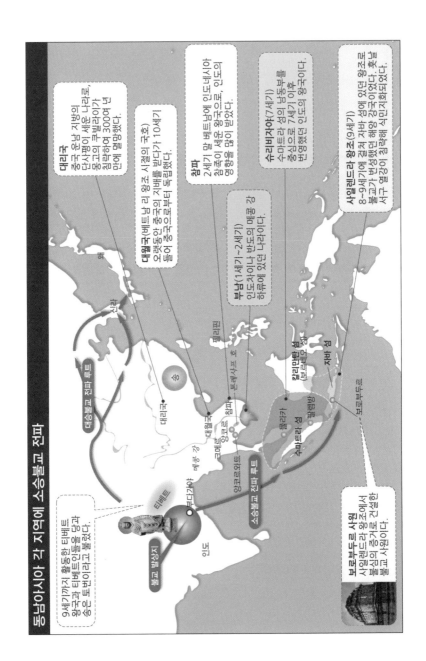

문에 서쪽의 사후 세계와 마주 보는 형태로 지어졌다. 참고로 '와트'는 사원이라는 뜻이다.

캄보디아의 신전 건설 양식은 앙코르 왕조를 정복한 타이인 문명에도 영향을 주었다. 와트 프라게오, 와트 포 등의 사원이 드문드문 위치해 있으며, 많은 관광객이 몰리는 방콕도 캄보디아의 수메르 산을 본뜬 건축 양식을 적극적으로 도입했다.

한편, 자바 섬 동부에 위치한 최고봉(3,676미터)인 활화산은 '세메루(Semeru) 산'이라고 명명했다.

통과하는 선박에 대한 과세로 번영한 믈라카 해협의 두 왕조

7세기가 되면서 여러 도시가 연합해, 믈라카 해협을 지배하는 해양 왕국 슈리비자야(Srivijaya)를 건국했다. 이들은 해협 동쪽 입구에 위치한 수마트라 섬의 무시(Musi) 강 하구에서 팔렘방('강이 모이는 곳'이라는 뜻)을 수도로 13세기까지 번영했다.

이 왕국은 믈라카 해협을 통과하는 상선을 대상으로 세금을 징수해 거대한 부를 획득했다. 당나라 승려 의정(義淨)은 팔렘방에서 1,000명 이상의 승려를 부양했다며 팔렘방의 번영을 기록했는데, 현재 이 부근은 대규모 유전 지대이다.

동남아에서 인구밀도가 가장 높은 자바 섬에서는 9세기에 사일렌드라 왕조(Sailendra dynasty)가 번영했고, 인도에서 전해진 대승불교를 믿었다.

보로부두르 사원, 2008년, © Gunawan Kartapranata, 인도네시아, W–C

　이들은 8세기 말부터 9세기 반에 걸쳐 중부 자바의 족자카르타(전
(前) 술탄 '족자가(家)의 도시'라는 뜻) 북서 30킬로미터 지점에 한 변이
약 115미터인 정방형에다 6층 방형과 3층 원형 단(檀)을 겹쳐놓고,
정상에 종 모양의 스투파(불탑)를 배치한 보로부두르(Borobudur)를 건
설했다. 보로부두르는 높이가 42미터이며 정상에 이르는 회랑의 총
길이가 10킬로미터나 되는데, 보로부두르는 산스크리트어로 '언덕
위의 불교 사원'이라는 뜻이다.

타이를 제외한 대부분을
영국과 프랑스가 식민 지배

타이-18세기 말에 방콕을 수도로 하는 차크리 왕조가 수립

13세기, 운남에 있던 대리국을 몽골인에게 뺏긴 타이인은 샴 만
(灣)으로 흐르는 대하 메남 강('큰 강'이라는 뜻, 타이인은 '왕실이 관리하
는 강'이라는 뜻으로 차오프라야(Chao Phraya) 강이라고 부름)을 따라 남하
했으며, 메남 강 지류에 크메르인에게서 빼앗은 수코타이(Sukhothai ;
'행복한 땅', '낙원'이라는 뜻)를 수도로 하는 수코타이 왕조(현재의 타
이 문자를 만들었다)를 세웠다. 그 뒤를 이어 중류 지역의 아유타야
(Ayutthaya)를 중심으로 한 대교역 국가인 아유타야 왕조가 번영했다.

수도 아유타야는 요새가 17개인 성벽에 둘러싸여 있었다. 이곳에
는 550개의 건조물이 들어섰고, 140킬로미터에 이르는 운하가 종횡
으로 달리는 상업 도시로 번영했다. 이들은 캄보디아를 공격해 앙코

인도차이나 반도의 타이와 베트남

수코타이 왕조
(1257~15세기경)
타이 최초의 통일
왕조로 타이 문자를
만들었다.

베트남
베트남의 왕조들은 11세기에
중국으로부터 독립한 후 영토를 남쪽으로
꾸준히 확장했다. 이들의 영토 확장은
청불 전쟁에서 승리한 프랑스의
식민 지배가 시작될 때까지 이어졌다.

대리국
(윈난의 타이인 국가)

베트남
(11세기에 중국에서 자립)

버마

미얀마

양곤

쿠빌라이 군에
의해 멸망(1254)

수코타이 왕조
(1257~15세기)

라오스

아유타야 왕조
(1350~1767)

타이

차크리 왕조
(1782~)

방콕

현재에 이름

메남 강
(차오프라야 강)

캄보디아

베트남

프놈펜

참파의 정복
(17세기 말)

사이공

호치민

메콩 강

차크리 왕조(1782~)
아유타야가 내부
정쟁으로 약화되자
버마가 아유타야를
공격하고 타이는
분열된다.
그 후 탁신이 톤부리에
왕조를 세우고, 차크리
장군이 이어서 차크리
왕조를 세워 지금의
라마 9세까지 이어지고
있다. 수도를 방콕으로
옮긴 것도 차크리
왕조이다.

아유타야 왕조(1350~1767)
수코타이 왕조와 란나 왕조를
무너뜨리고 아유타야 왕조로
통일했다. 아유타야는 1700년대에
세계에서 가장 큰 도시 가운데 하나로
꼽혔고 인구도 100만 명이었다.

방콕의 정식 명칭
끄룽텝 마하나콘 아몬 랏따나꼬신 마힌따라 아유타야
마하딜록 뽑놉빠랏 랏차타니 부리롬 우돔랏 차니우엣
마하싸탄 아몬삐만 아와딴싸티 싸카타띠야 위쓰누깜쁘라씻

르톰(Angkor Thom)을 함락했고, 포르투갈인 용병을 이용해 버마를 공격했다.

하지만 버마인은 1767년에 아유타야 왕조를 멸망시킨다. 아유타야라는 이름은 인도의 서사시 《라마야나》에 나오는 고대 도시 아토디야에서 유래한 것이다.

18세기 중반에 타이인 장군 탁신(Thaksin)이 버마군을 격파했는데, 이때 옛 수도 아유타야가 폐허로 변해버렸기 때문에 메남 강 하구 서쪽에 위치한 톤부리(Thon Buri ; '재물과 보석의 마을'이라는 뜻)에 왕조를 세웠다.

하지만 이 왕조는 일대(一代)에 끊겨버렸고, 18세기 말에는 맞은편 강가에 위치한 방콕을 수도로 하는 차크리 왕조(현재의 타이)가 성립되었다.

방콕은 타이 만 하구에서 약 30킬로미터 상류 지역의 메남 강 동쪽에 위치해 있다. '방콕'이라는 명칭은 속칭이며, 정식 명칭은 '신의 대도시'에서 시작해 '에메랄드 불타가 살며, 화신의 신이 통치하는 힌두교의 인드라 신과 비슈누 신이 만든 도시'라는 뜻을 가지고 있다.

최초의 '에메랄드'는 왕실의 수호 사원인 와트 프라케오의 본존이 에메랄드빛 벽옥으로 만들어졌기 때문이다. 방콕은 과거에 존재했던 아유타야 왕조의 전통을 계승하고 있다. 타이 정부는 폐허가 된 상류의 아유타야에서 나온 벽돌 다량을 메남 강을 이용해 운반해서 왕궁과 사원을 건축했고, 왕궁 주변에 대운하를 팠으며, 베트남인과 미얀

와트 프라케오, 타이의 에메랄드 불상 사원으로 왕실 예배당이다, 2017년,
© Ninara(Helsinki, Finland), W-C

마인 등의 거주 지역을 마련했다.

19세기 중반 이후에는 화교가 대규모로 이주하기 시작해 현재는
전체 도시 주민의 3분의 2를 차지할 정도이다. 제2차 세계대전 후 타
이 경제가 성장하면서 방콕은 빠른 속도로 국제 도시의 모습을 갖추
었다.

미얀마-1885년에 영국령 인도의 1개 주로 병합됐다가 독립

미얀마는 서부의 아라칸(Arakan : 아라칸족에서 유래) 산맥으로 인도
반도와 구분되고, 동부의 중국 운남 고원과 연결되는 해발 900미터

의 샨 고지대(타이인인 샨족에서 유래)와 북부의 카틴('야만인'이라는 뜻) 산지에 둘러싸여 있으며, 이라와디(Irrawaddy ; 산스크리트어로 '활동적 인'이라는 뜻) 강이 흐르는 광대한 평야 지대로 구성되어 있다.

미얀마는 콘바운 왕조(1752~1885) 시대에 타이의 아유타야 왕조를 무너뜨리면서 대두했는데, 영국과의 싸움에서 패한 뒤 1885년에 영 국령 인도제국의 1개 주로 병합되었다. 영국 점령하에서 버마는 세 계 최대의 쌀 수출국이 되었다.

이라와디 강 중류 지역에 위치한 만달레이('둥글게 건축한 제단'이라 는 뜻)는 옛 왕조의 수도이며, 인구의 85% 이상을 차지하는 소승불 교의 원추형 파고다(불탑)가 늘어선 종교 도시이기도 하다.

현재 수도인 양곤(Yangon ; '싸움의 끝'이라는 뜻)은 이라와디 강 하류 지역에 위치한 천혜의 항구로, 미얀마 제1의 대도시이다.

베트남─전한의 무제 이후 약 1000년 동안 중국의 지배를 받았다

베트남에서는 북부의 훈 강(渾江 ; '붉은 강'이라는 뜻, 강물이 철분을 함 유하고 있기 때문) 델타에서 농경 사회가 성장했고, 기원 전후에는 동 선문화(Dong Son Culture)라는 청동기 문화가 꽃을 피웠다.

베트남은 전한(前漢)의 무제가 기원전 2세기 북베트남을 정복한 이 후, 약 1000년 동안 중국 여러 왕조의 지배하에 놓였다. 당시 지배 거 점이 된 곳이 오늘날의 하노이(Hanoi)이다. 하노이는 '강과 강 사이에 위치한 땅'이라는 뜻이다. 그 후 찬(陳) 왕조(1225~1400) 시기에 베트

ASSAUT DE LA CITADELLE DE SAIGON PAR LE CORPS EXPÉDITIONNAIRE FRANCO-ESPAGNOL, LE 17 FÉVRIER 1859. — D'après le croquis envoyé par M. L. Roux, secrétaire de l'amiral Rigault de Genouilly.

1859년 프랑스의 사이공 함락, 19세기 경

남은 동남아의 강국이 되었다.

북부의 베트남인은 1470년에 현재의 다낭(Da Nang ; '탁한 강'이라는 뜻) 남쪽에 수도를 두었던 찬파 왕국을 멸망시켰고, 17세기 말에는 과거의 대국 크메르로부터 메콩 강 델타 지대를 빼앗았다.

메콩 델타의 중심 도시는 크메르인의 호칭인 '숲의 도시'를 베트남 어로 번역해 사이공이라고 불렀다. 이 지역은 본래는 크메르인과 참 인이 거주했던 지역이었다. 이후 베트남 전쟁으로 통일된 뒤, 사이공 은 지도자인 호치민의 이름에서 따와 '호치민'이라고 불리게 되었다.

1802년에 성립된 구엔(阮) 왕조의 안남 왕국은 중부의 수도 후에

(順化 : 순화(천지 창조에 순응한다)에서 유래)를 수도로 정하고, 중국의 자금성을 모방해 왕궁을 지었다. 1884년에 프랑스가 안남 왕국을 보호국으로 삼자, 후에는 1946년까지 수도가 되었고, 프랑스 식민지 정부의 관청과 프랑스인 거주 지역이 만들어졌다.

믈라카 왕이 교역을 위해
스스로 이슬람교에 귀의

교역항 믈라카를 통해 동남아시아 도서에 이슬람교가 확산

14세기경, 자바 섬 마자파히트(Majapahit) 군의 공격으로 수마트라 섬의 팔렘방에서 쫓겨난 왕족 가운데 한 명이, 믈라카 해협이 가장 좁아지는 해역의 한 촌으로 이주해 개척한 항구가 바로 믈라카이다. 믈라카는 명나라 정화(鄭和) 함대의 중계 거점이 된 이후, 풍부한 중국 상품 교역과 명나라의 비호를 받아 급성장했으며 동남아 교역의 중심이 되었다.

하지만 정화의 원정이 중단된 이후로는, 이슬람 상인이 믈라카 항에 모이도록 만들기 위해 믈라카 왕 스스로 이슬람교에 귀의했다.

이런 사정으로 믈라카는 교역 중심지로 발전함과 동시에 동남아 도서(島嶼) 지역에 이슬람교를 확산하는 역할을 했다. 식량과 면직물

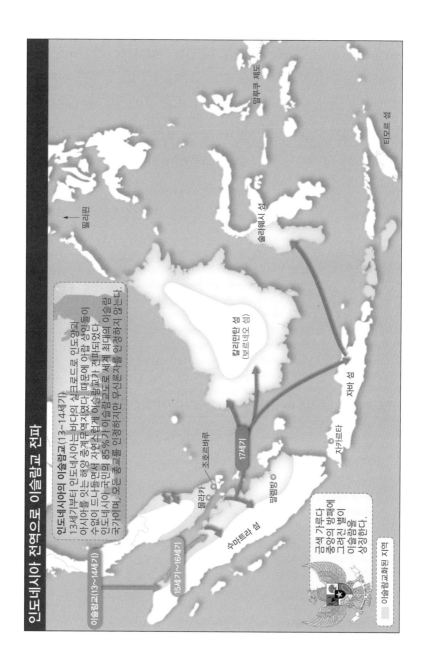

인도네시아 전역으로 이슬람교 전파

인도네시아의 이슬람교(13~14세기)
13세기부터 인도네시아는 바다의 실크로드로 인도양과 아시아를 잇는 해양 중계무역지였다. 때문에 아랍 상인들이 수많이 드나들면서 자연스럽게 이슬람교가 전파되었다. 인도네시아 국민의 85%가 이슬람교로 세계 최대의 이슬람 국가이며, 모든 종교를 인정하지만 무신론자를 인정하지 않는다.

금색 가루다 중앙의 방패에 그려진 별빛이 이슬람을 상징한다.

이슬람교화된 지역

팔리핀

믈루쿠 제도

티모르 섬

술라웨시 섬

칼리만탄 섬
(보르네오 섬)

자바 섬

지아카르타

팔렘방

17세기

조호르바루

믈라카

수마트라 섬

이슬람교(13~14세기)

15세기~16세기

을 무역에 의존할 수밖에 없었던 도서 지역 사람들은 이슬람 상인과 반드시 거래해야만 했기 때문이다.

그런데 1511년에 군선 19척과 병사 1,400명으로 구성된 포르투갈 군이 믈라카를 공격했고, 9일간의 공방 끝에 결국 믈라카는 함락되고 말았다. 믈라카 왕은 그 뒤 조호르바루(Johor Baharu ; '새로운 조호르(카시아 계피나무)'라는 뜻)로 본거지를 옮겨 포르투갈과 싸웠지만 갈수록 세력이 약해지면서 굴복할 수밖에 없었다. 그렇지만 믈라카 왕국의 '술탄'의 후예는 오늘날에도 말레이시아('말레이인의 나라'라는 뜻)의 술탄으로 권위를 인정받고 있다.

한편 말레이시아의 수도 쿠알라룸푸르(Kuala Lumpur ; '진흙의 하구'라는 뜻)는 19세기 중반에 주석 광맥을 발견한 중국인이 건설한 도시로, 19세기 말에 영국령인 말레이연합의 수도가 되었다.

인도네시아 인구의 90%가 이슬람교도, 경제의 실권은 화교들이 장악

동남아 도서 지역은 칼리만탄(Kalimantan ; 원주민이 부르던 이름인 '하얗고 긴 깃발'에서 유래, 현재의 보르네오) 섬을 중심으로 서남쪽의 수마트라와 자바 섬, 티모르(Timor ; '동쪽'이라는 뜻) 섬, 동쪽의 술라웨시(셀레베스(Celebes) ; '철의 말뚝'이라는 뜻) 섬, 말루쿠 제도(영어로는 몰루카(Moluccas), '원주민 마르코인'에서 유래), 세계 제2위의 섬 뉴기니(New Guinea ; 주민이 아프리카의 기니 주민과 비슷해서 스페인인이 '새로운 기니'라고 불렀던 데서 유래), 북쪽의 필리핀 군도, 남으로는 오스트레일리아

바타비아(구 자카르타) 성 주변의 팜나무와 시장 전경, 1661년, 앤드리스 베크먼, 네덜란드 암스테르담 레이크스 미술관

가 펼쳐져 있어 '아시아의 다도해'라고 불린다.

오늘날 동서 5,100킬로미터에 이르는 이 광대하고 다양한 해역에 산재하는 크고 작은 1만 3,700여 개의 섬들은 세계 최대의 도서 국가인 인도네시아 공화국으로 통합되었다. 전체 면적은 남한의 약 19배, 인구는 약 2억 6,000만 명(2017년 기준)으로 세계 4위이다. 이곳도 인구의 90%가 이슬람교도인데, 경제의 실권은 약 650만 명의 화교들이 쥐고 있다. 수도는 인구의 60%가 집중된 자바 섬의 국제 무역항 자카르타(Jakarta ; 산스크리트어로 '승리의 마을'이라는 뜻)이다.

태평양과 인도양을 잇는
아세안 10개국의 합종연횡

해상 무역으로 번영했지만 19세기 서구 열강의 식민지로 전락

인도차이나 반도는 19세기 후반 이후 세계적인 농경 지대가 되었다. 몬순의 풍향이 바뀌는 믈라카 해협은 유라시아 남부 '바닷길'의 요충지이며, 이미 몇 번이나 언급했듯이 이 지역은 열대산 향신료와 금을 산출해 해상 무역으로 번영했다.

동남아의 역사는 ① 인도 상인이 교역 거점을 만들어 해상 교역을 지배한 시대였으며, 13세기까지는 이 때문에 동남아 국가들의 문자와 언어가 인도 문화의 영향을 많이 받았다. 그리고 ② 8세기 중반 이후 이슬람 상인의 진출기, ③ 10세기 이후 중국 상인의 진출기, ④ 16세기 이후 유럽인의 진출기로 나뉘는데, 19세기 전반의 인구는 1,000만 명이 채 되지 않았다.

이 지역의 인구가 급증한 것은 19세기 들어 영국과 프랑스가 식민지를 확대해 대단위 농장과 광산 노동력으로 인도인과 중국인을 다수 이용하게 되면서부터이다.

동티모르를 식민지화한 포르투갈, 필리핀을 식민지화한 스페인, 인도네시아를 식민지화한 네덜란드가 이곳을 지배한 제국주의 세력이었다. 19세기 들어 신흥 세력인 영국이 브루나이(Brunei)와 말레이시아, 싱가포르, 버마(현재의 미얀마)를 식민지화했고, 프랑스가 베트남과 라오스, 캄보디아를 식민지화했으며, 1898년에 일어난 미국-스페인 전쟁에서 필리핀 지배권이 미국으로 넘어갔다. 결국 식민지 지배를 받지 않고 오랜 세월 독립을 유지한 국가는 타이뿐이었다.

싱가포르의 어원은 산스크리트어로 '사자의 마을'이라는 뜻

서쪽으로 넓어지고 동쪽으로는 좁아지는 믈라카 해협의 동쪽 출구에 위치한 말레이 반도 남단부의 섬나라가 바로 싱가포르이다. 이 나라의 면적은 약 685제곱킬로미터로 서울(605제곱킬로미터)보다 조금 넓으며 인구는 588만 명(2017년 기준)이다. 싱가포르의 어원은 산스크리트어로 '사자의 마을'이라는 뜻인데, 이 이름은 이 섬이 군사적인 요충지였다는 사실에서 유래한 듯하다.

이처럼 전략적으로 매우 중요했던 싱가포르지만 이 섬은 오랫동안 그대로 방치되어 있었다. 1826년, 영국이 중국에 이르는 항로의 거점으로 삼기 위해 싱가포르를 식민지로 삼았고, 이를 계기로 싱가포르가 발전하게 되었다. 이때 싱가포르에는 중국인 노동자가 대량으로 유입되어 인구가 두 배로 증가했다. 그 후 제2차 세계대전 중에는 일본에 점령당하기도 했지만, 전후 독립해 1963년에 성립된 말레이시아 연방의 1개 주가 되었다.

하지만 인구의 75%가 중국인이었기 때문에 1965년에 말레이시아에서 분리하는 길을 선택해, 영국 연방에 속하는 싱가포르 공화국으로 독립했다. 그 뒤 싱가포르는 선적하는 화물에 대해 관세를 부과하지 않는 자유무역항이 되었고, 가공무역 산업이 진흥하면서 '싱가포르의 기적'이라고 불리는 경제 성장을 이룩했다.

1981년에는 아시아 최대 규모인 창이 국제공항을 건설해, 전 세계를 연결하는 허브 공항이 되었다.

1967년 5개국에서 1999년 10개국으로 늘어난 아세안 국가들

동남아의 식민지는 1945년부터 1954년에 걸쳐 각각 독립했고, 베트남 전쟁(제2차 인도차이나 전쟁, 1960~1975), 베트남군의 캄보디아 침공(제3차 인도차이나 전쟁, 1979~1989), 말레이시아에서의 싱가포르 분리(1965), 인도네시아의 동티모르 병합(1976) 등을 거쳐 오늘날의 국경이 확정되었다.

1차 농산품에 의존하는 동남아 경제는 식민지 시절의 경제 네트워크가 붕괴되면서 자본이 격감했고 생산이 정체되었으며, 인구가 급격히 증가해 경제 성장의 한계에 부딪혔다. 결국 1960년대에 접어들

동남아시아의 ASEAN 10개국과 인구

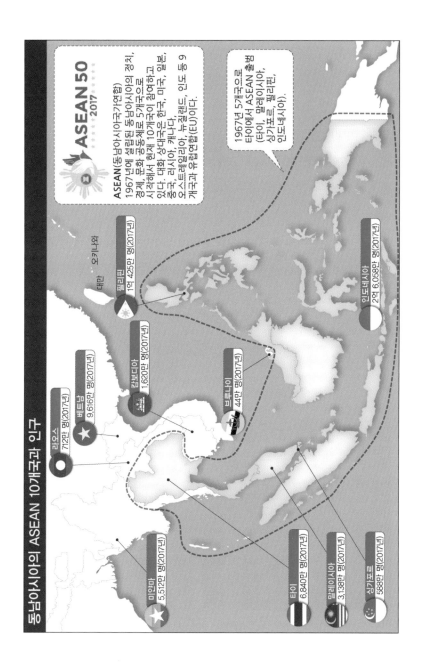

ASEAN(동남아시아국가연합)
1967년에 설립된 동남아시아의 정치, 경제, 문화 공동체로 5개국으로 시작해서 현재 10개국이 참여하고 있다. 대화 상대국은 한국, 미국, 일본, 중국, 러시아, 캐나다, 뉴질랜드, 인도 등 9개국과 유럽연합(EU)이다.

1967년 5개국으로 타이에서 ASEAN 출범 (타이, 말레이시아, 싱가포르, 필리핀, 인도네시아).

오키나와
대만

필리핀
1억 425만 명(2017년)

라오스
712만 명(2017년)

베트남
9,616만 명(2017년)

캄보디아
1,620만 명(2017년)

브루나이
44만 명(2017년)

인도네시아
2억 6,058만 명(2017년)

미얀마
5,512만 명(2017년)

타이
6,840만 명(2017년)

말레이시아
3,138만 명(2017년)

싱가포르
588만 명(2017년)

면서 독재적인 강권 정치로 사회 질서를 유지했고, 대량으로 외자를 도입해 수출 산업을 진흥시키는 '개발 독재'로 이행했다.

1967년에는 국가들(타이, 말레이시아, 싱가포르, 필리핀, 인도네시아, 이상 5개국)이 연합해 ASEAN(Association of South‒East Asian Nations : 동남아시아국가연합)을 결성했다. ASEAN 국가들은 베트남 전쟁에 따른 원조와 외자 투입, 일본 자본 진출 등으로 기반을 굳혔고, 1970년대에는 석유 가격 상승으로 1차 농산품의 가격이 상승하고 저렴한 노동력을 찾는 외자가 도입되어 두 자리에 가까운 경제 성장을 이룩해, 1990년대에는 '세계 성장의 중심지'라고 불리는 높은 경제 성장률을 보였다. 하지만 1997년 타이 바트화 폭락을 계기로 통화위기가 확산

인도네시아 자카르타에 있는 ASEAN 본부, 2011년, © Gunawan Kartapranata, W‒C

되면서 경제 성장에 급제동이 걸렸다.

1962년 이래, 네윈(Ne Win)의 군사 독재하에서 폐쇄적인 경제 체제를 취해온 미얀마에서는 1988년 학생들이 민주 혁명을 일으키지만 군이 쿠데타로 진압해, 결국 1당 독재하에서 경제 자유화와 개방화를 추진하고 있다. 즉, 옛 ASEAN 국가들이 했던 '개발 독재'를 그대로 뒤따르고 있는 것이다.

그 뒤 브루나이와 베트남, 라오스, 미얀마, 캄보디아가 가입해 1999년에는 동남아 국가 10개국이 모두 가입하면서 'ASEAN 10'이 성립되었다.

동서로 확산된
인도 도시의 명칭 '푸르'

인도에는 '푸르'라는 이름의 도시가 많다.

고대 인도에서는 '성과 요새'를 '푸르(pur)'라고 불렀다. 이후 이 말의 뜻이 확대되어 '도시'도 의미하게 되었다. 참고로 힌디어에서도 '푸르(pur)', '푸라(pura)'가 '도시'를 의미하는 데 사용되었는데, 이 단어는 나중에 도시명을 나타내는 접미사가 된다.

인도에는 1278년에 라지푸트족의 수장인 자이 왕이 붉은 석재를 이용해 건설한 자이푸르(Jaipur : 자이 왕의 도시)와, 12세기 이후의 힌두교 성지 숄라푸르(Sholapur : '불길의 도시'라는 뜻), 샤자한푸르(무굴제국의 제5대 황제인 샤자한의 도시) 등 푸르(pur)가 붙은 지명이 많이 있다.

인도 자이푸르의 변두리, 18세기에 건설된 사각형 계획 도로로, 도시 전체가 분홍색이다, 2012년, © Joshua Doubek, W-C

예부터 인도 문화는 동남아에 전해져서 많은 영향을 주었는데, 푸르(pur)도 말레이어의 '푸라(pura)'에 도입됨으로써 영향을 미쳤다. 믈라카 해협에 접한 해양 국가 싱가포르는 '싱가푸라'가 영어식으로 바뀐 것이다.

고대 페르시아 문명의 영광을
나타내는 '스탄' 지명

1991년 소련이 붕괴하면서 중앙아시아에서 많은 이슬람 국가가 독립했다. 이 나라들의 이름을 자세히 살펴보면, 우즈베키스탄(우즈벡 칸의 나라), 타지키스탄(Tajikistan ; 타지크인의 나라), 카자흐스탄(Kazakhstan ; 터키어로 '말을 탄 사람의 나라'), 투르크메니스탄(Turkmenistan ; 투르크멘인의 나라) 등 모두 '스탄(stan)'이 붙어 있다. 이를 통해 스탄은 '지역'이나 '나라'를 의미하는 접미사라는 사실을 짐작할 수 있다.

조사해보니 과연 스탄은 오랫동안 서아시아를 지배했던 페르시아인인 사산 왕조가 '지방'이라는 호칭으로 4세기경 사용하기 시작한 단어였다. 오늘날의 이란인으로 이어지는 페르시아인은 서아시아와 이집트를 통합한 아케메네스제국을 수립한 이래 이슬람교로 결속된 아랍인이 진출할 때까지 오랫동안 서아시아를 지배했다. 메소포타미아와 이집트 양 문명을 통합한 고도(高度)의 페르시아 문명은 중앙아시아 등 주변 지역에 많은 영향을 주었는데, 스탄 지명도 이런 가운데 확산된 것이다.

5장

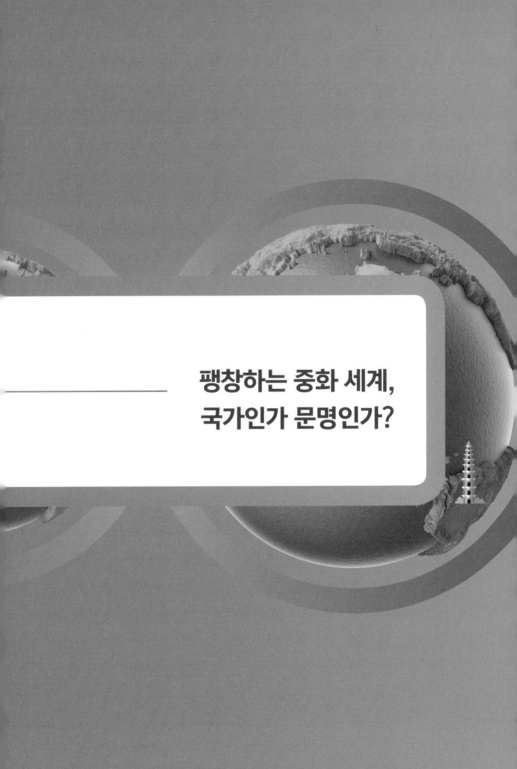

팽창하는 중화 세계,
국가인가 문명인가?

황하는 생명의 시작이고, 중원은 역사의 시작이다

'하(河)'라는 보통명사로 불렸던 '황하'를 중국인은 신성시했다

남한의 약 97배나 되는 국토 면적과 약 13억 8,000만 명의 인구를 보유한 중국은 고대부터 면면히 이어져 내려온 3000년이 넘는 역사를 지닌 거대한 문명이다. 세계 인구 5명 가운데 한 명이 중국인이라는 사실을 보더라도 중화 세계의 저력을 엿볼 수 있다.

중국은 인구의 90%가 한족이지만 오랜 역사 속에서 여러 민족 간의 혼혈이 이루어지면서 오늘날의 한민족이 형성되었다. '샐러드볼'처럼 수많은 민족이 뒤섞여 있는 미국과는 달리, 중국은 오랜 세월에 걸쳐 '숙성'된 세계인 것이다.

이런 문명의 요람이 된 것이 청해성(青海省, '푸른 호수'라는 뜻)을 원류로 하여 서해까지 5,400킬로미터를 흘러내리는 장대한 강줄기인

황하의 후커우(壺口) 폭포, 2005년, © Fanghong, W-C

황하이다. 이 대하는 고대에는 '하(河)' 또는 '하수(河水)'와 같은, 강의 일반적인 호칭으로 불렸다.

황하는 상류의 난주(蘭州 ; '고란산(皐蘭山)의 기슭에 위치한 마을'이라는 뜻)까지 황토 고원을 활처럼 굽어 흐르기 때문에 '황토'가 다량 녹아 있으며, 그 양이 1제곱미터에 37킬로그램이나 된다. 따라서 물이 황색으로 탁해져 있고, 이 때문에 '황하'라고 부르는 것이다.

황하의 하류에는 연간 10센티미터나 되는 토사가 쌓여, 3년에 2번 정도 대홍수를 일으키며 약 40만 제곱킬로미터의 서해(황해)로 흘러든다. 이 황토가 퇴적되어 서해의 평균 깊이가 44미터밖에 안 되는 것이다.

서북에 위치한 고비 사막에서 편서풍을 타고 운반된 '황토(직경 0.05밀리미터 이하의 미세한 흙)'는 영양분과 통기성, 투수성이 풍부해,

물만 풍부하면 비옥한 '밭'으로 변했다. 이런 사실로 보면 반(半)사막이라고 할 만한 건조 지역을 흐르는 '거친 강' 황하는 많은 사람들의 생명을 지켜주는 중요한 하천이었던 것이다.

중국 최초의 황제(皇帝)가 '황제(黃帝)'이고, 사후의 세계가 '황천(黃泉)'이며, 황제는 황색 기와로 덮은 궁전에서 살고, 황색 의복인 '황포(黃袍)'를 입은 것도 '황하'를 신성시하는 중국인의 사고방식이 겉으로 드러난 것이다.

소의 견갑골과 거북의 등껍질에 점을 친 결과를 갑골문자로 새김

황하 중류 지역에 위치한 마을들(흙으로 굳힌 벽으로 둘러싸였으며 '읍(邑)'이라고 불렸다)은 도시(대읍(大邑))의 지배를 받았고, 도시는 연합체를 형성해 주변 지역에 살고 있는 비농경민의 공격에 대응했다. 기원전 1600년에 설립된 은(殷) 왕조는 이런 지배 형태를 지닌 왕조였다.

은의 왕은 제사장으로서 세계를 지배하는 신과 조상을 받들었고, 뼈를 태워 균열이 생긴 모습을 보고 신의 뜻을 판단했다.

그리고 이 점을 치는 데 사용한 소의 견갑골과 거북의 등껍질에는 점을 친 결과가 갑골문자(甲骨文字 ; 한자의 조상)로 새겨져 보존되었다.

은 왕조는 때때로 천도했는데, 마지막 수도의 유적지 은허(殷墟 ; '허'는 유적이라는 뜻)에서는 훌륭한 청동기군(群)과 더불어 문자를 새

중국 대륙의 지리적 환경과 국경

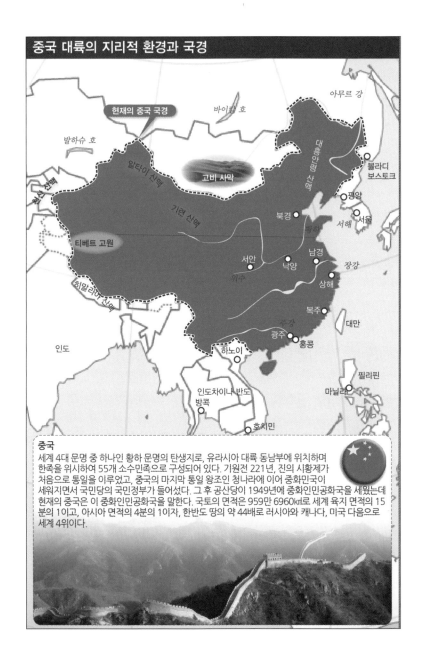

중국

세계 4대 문명 중 하나인 황하 문명의 탄생지로, 유라시아 대륙 동남부에 위치하며 한족을 위시하여 55개 소수민족으로 구성되어 있다. 기원전 221년, 진의 시황제가 처음으로 통일을 이루었고, 중국의 마지막 통일 왕조인 청나라에 이어 중화민국이 세워지면서 국민당의 국민정부가 들어섰다. 그 후 공산당이 1949년에 중화인민공화국을 세웠는데 현재의 중국은 이 중화인민공화국을 말한다. 국토의 면적은 959만 6960㎢로 세계 육지 면적의 15분의 1이고, 아시아 면적의 4분의 1이자, 한반도 땅의 약 44배로 러시아와 캐나다, 미국 다음으로 세계 4위이다.

긴 10만여 편의 골편과 4,000여 문자가 발굴되었다. 참고로 은 왕조
는 10개의 태양(10干)이 매일 변하며 대지를 비춘다고 생각해, 10일
간(旬)을 생활의 단위로 삼았다.

통화로는 남방의 사안패(子安貝)의 일종을 사용했다. '재(財)', '저
(貯)', '매(買)' 등 경제와 관련이 있는 문자에 '패(貝)'가 붙는 것은 이
때문이다.

은 왕조 말기가 되자 주왕은 대규모 군사 정복과 《사기》에 '주지육
림(酒池肉林)'이라고 기록된 매우 사치스러운 생활로 인해 민중의 지
지를 잃었다.

이때 서쪽에 위치한 황하의 지류인 위수(渭水 ; '흐르는 물'이라는 뜻,
길이 787킬로미터) 유역의 풍요로운 평야(위수 분지(渭水盆地)) 지대에
본거지를 둔 주(周)나라가 군사를 일으켜, 수도 교외의 '목야(牧野)'의
싸움'에서 은 왕조의 군사를 물리쳤다(기원전 11세기). 이 사건을 '은
주 혁명(殷周革命)'이라고 하는데, 참고로 '혁명'이란 '천제(天帝)의 뜻
이 바뀌어 왕의 성이 바뀐다'라는 뜻이다.

낙양은 후한 등 9개 왕조가 수도를 정한 도시여서 '구조고도'

주나라의 본거지 '위수 분지'는 곡창 지대이자 교통의 요충지였으
며, 방어하기 쉬운 지세를 갖추고 있었다. 즉, 서쪽의 농관, 관중과
낙양을 연결하는 동쪽의 함곡관(函谷關), 북쪽의 숙관(肅關), 남쪽의
무관(武關)으로 방어벽을 쌓고 있었던 것이다. 이 때문에 위수 지역

은 '관중(關中 : 중원(中原))'이라고도 하며, 진(秦)과 전한, 당 등의 여러 왕조가 수도로 정한 곳으로 알려져 있다. 당(唐)대까지 중국 세계의 중심은 서쪽의 내륙 지방에 편중되어 있었던 것이다.

은 왕조를 물리친 뒤, 주나라는 위수 분지의 호경(鎬京)으로 수도를 정하고, 왕의 일족 등을 발탁해 각지 도시의 지배자로 파견해 납세와 군사 의무를 부과했다. 이것이 혈연관계를 기본으로 한 중국 고유의 '봉건 제도(封建制度)'이다.

한편 주나라는 나중에 황하 중류 지역의 낙읍(洛邑 : 현재의 낙양(洛陽)으로 '낙하(洛河)의 북안'이라는 뜻, 양(陽)은 강의 북쪽을 가리킴)으로 천도한다. 이곳은 후한 등 9개 왕조가 수도를 정한 도시여서 '구조고도(九朝故都)'라고도 한다. 또한 이곳은 목련성이라는 애칭과 함께 목련 산지로 알려져 있다. 중국인은 한없이 목련꽃을 좋아하기로 유명하다.

세계의 중심은 중국이고, 주변은 오랑캐의 세상이다

세계의 중앙에 위치하고 있으며, 화려한 문화를 자랑하는 '중화'

중화인민공화국, 중화민국(대만)의 '중화'와 '중국'은 같은 의미로 '세계의 중앙에 위치하고 있으며 화려한 문화를 자랑하는 지방'이라는 뜻이다. 이것은 3000년 전의 주(周)대에 확립된 중국 고유의 종교관에 바탕을 두고 있다.

이들은 북극성 부근이 우주의 중심이라고 보았고, 여기에 '천(天)'을 지배하는 천제의 궁전(자미궁(紫微宮) : '보라색으로 희미하게 보이는 궁전'이라는 뜻)이 있다고 상상했다.

천제는 자신이 선택한 왕(나중에 '황제'라고 칭함)에게 대지(천하)와 인간을 지배하라고 위임했기 때문에 원리적으로 볼 때 여러 나라는 존재할 수 없었다. 어디까지나 '천하(세계)'가 있을 뿐이라고 생각한

중국과 오랑캐로 구분하는 중화 사상의 세계

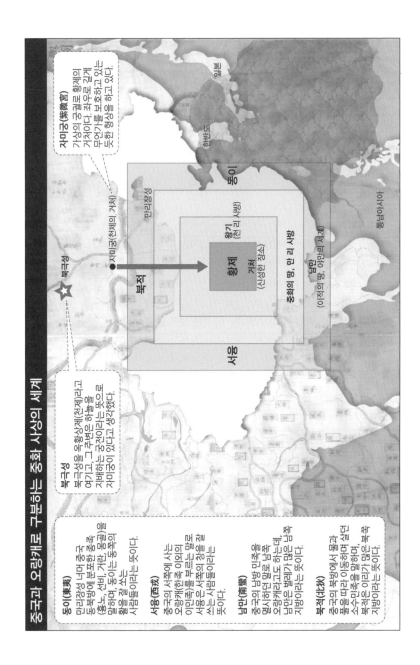

자미궁(紫微宮)
가상의 궁궐로 황제의 거처이다. 좌우로 길게 무언가를 보호하고 있는 듯한 형상을 하고 있다.

북극성
북극성을 옥황상제(천제)라고 여기고, 그 주변은 하늘을 지배하는 궁전이라는 듯으로 자미궁이 있다고 생각했다.

일본

한반도

동아시아

동이

서융

북적

남만 (이적의 땅, 야만의 세계)

만리장성

황기 (천 리 사방)

황제 거처 (신성한 장소)

중화의 땅, 만 리 사방

자미궁(천제의 거처)

북극성

동이(東夷)
만리장성 너머의 중국 동북방에 분포한 퉁구스족(흉노, 선비, 거란, 몽골)을 말하며, 동이는 동쪽의 활을 잘 쏘는 사람들이라는 듯이다.

서융(西戎)
중국의 서쪽에 사는 오랑캐(한족 이외의 이민족)를 부르는 말로 서융은 서쪽의 창을 잘 쓰는 사람들이라는 듯이다.

남만(南蠻)
중국의 남방 민족을 멸시하던 말로 남쪽 오랑캐라고도 하는데, 남만은 벌레가 많은 남쪽 지방이라는 듯이다.

북적(北狄)
중국의 북방에서 물과 풀을 따라 이동하며 살던 소수민족을 말하며, 북적은 이리가 많은 북쪽 지방이라는 듯이다.

것이다.

중국의 옛날 동전 형태에서 알 수 있듯이, 중국인은 하늘을 '원(圓)', 대지를 '방형(方形)'이라고 생각했다. 그래서 중국의 왕은 '천하'의 중앙에 성벽으로 둘러싸인 장엄하고 화려한 '왕성(王城)'을 만들어 천하를 통치했다.

'왕성'의 중심은 왕이 거주하는 '궁실(宮室)'이다. 이곳 좌우에는 조상과 토지신을 모시고, 남북으로는 정무를 보는 궁전 '조당(朝堂)'과 시장을 만들었다. 즉, 수도는 가장 신에 가깝고 화려한 문화를 자랑하는 신성한 장소였던 것이다.

중국화되지 않은 주변 지역에 사는 사람들은 오랑캐였다

중국인은 왕성을 중심으로 사방 천 리는 '왕기(王畿)', 즉 왕이 직접 지배하는 문명이 번영한 장소라고 생각해 귀하게 여겼다. 그리고 그 주변은 9개의 '복(服)'이라는 방형의 구역으로 나누었는데, 주변으로 가면 갈수록 문명이 뒤떨어진다고 생각했다.

외지고 먼 곳의 '야만스러운 지역', 즉 중국화되지 않은 지역은 북의 '북적(北狄)', 동의 '동이(東夷)', 남의 '남만(南蠻)', 서의 '서융(西戎)'이라고 하여, 이들을 '이적(夷狄 : 오랑캐, 야만)'으로 간주했다. 한국은 중국에서 보면 '동이'였다. 한국에서 일본을 '오랑캐'라고 불렀다는 사실에서 알 수 있듯이, 한국도 중국에서 이런 이적 사상을 도입했다.

위수 분지의 호경(현재의 서안 부근)을 '왕도(왕성)'로 하는 주(周)나라의 시스템은 수도가 이민족에게 정복당해 기원전 770년에 어쩔 수 없이 동쪽의 낙읍으로 천도(주 왕조의 동천)하면서 동요되기 시작했다.

그 이후 진시황제가 중국의 전 국토를 통일하는 기원전 221년까지 약 550년간을 '춘추전국시대(春秋戰國時代)'라고 한다.

동주 이후 약 360년간의 춘추시대와 약 180년간의 전국시대

약 360년간 계속된 전반(前半)의 '춘추시대'라는 명칭은 공자(孔子)가 편찬한 역사서 《춘추》에서 유래한 것이다.

이 시대에는 각지의 유력한 제후가 지방 차원의 동맹('회맹(會盟)'이라고 함)을 조직해 격전(激戰)을 반복했다. 이로 인해 1,800여 개나 되었던 소국이 병합되어 약 140개로 정리된다.

이 시기의 최대 문제는 남쪽의 장강(長江 : 6,300킬로미터의 중국 최대 하천으로 '장대한 강'이라는 뜻) 중류 지역의 이적(夷狄)과 초(楚)나라가 대국이 되면서 황하의 중류 지역을 위협했다는 사실이다.

따라서 제후는 '존왕양이(尊王攘夷 : 주(周)나라 왕의 주변에 결속해 이적을 친다)'라는 슬로건을 내걸고 강대해진 초나라를 견제하면서 세력 다툼을 계속했다.

게다가 춘추 말기에 후이고(강한 화력을 내기 위해 이용하는 송풍 장치. 기계 안에서 피스톤을 움직여서 바람을 일으켜 강한 화력을 만들어낸다. 고대부터 금속의 정련이나 가공에 사용되었다 – 역주)에서 고온(高溫)을 만들어 내는 기술이 개발되어 철기를 양산하기 시작하고, 대규모 관개로 농지를 개척하자 대(大)제후들의 세력권은 갈수록 확대되고 강해졌다.

한편, 후반 약 180년 동안의 '전국시대'는 외교술을 제후에게 설명했던 종횡가(縱橫家)의 책략을 수록한《전국》에서 유래한 것이다.

실력 본위의 이 시대에는 다양한 대(大)제후가 '왕'을 칭하게 되면서 주왕의 권위는 땅에 떨어졌고, '전국칠웅(戰國七雄)'이라고 불리는 7대국이 영역 국가를 형성해 '천하'를 잡기 위한 무력 대결을 전개해 나갔다.

결국 유목민의 기마 기술을 도입한 강대한 군대와 법가 사상으로 강력해진 통치 시스템과 대규모 관개 사업으로 막대한 부를 손에 넣은 '진(秦)'이 기원전 221년에 6개국을 격파하고 천하(중국)를 통일했다.

참고로 구미 지역에서는 오랫동안 장강에 대한 호칭으로, 하구 지역인 양주에서 사용하는 호칭인 '양쯔 강'을 사용해왔다.

진시황은 중화제국을 통일, 한무제는 한자 문화권 형성

중국을 최초로 통일한 대제국 '진'이 영어명인 '차이나(China)'의 어원

13세에 즉위한 진나라의 제31대 왕 정(政)은 상인 출신인 재상 여불위(呂不韋)의 보좌를 받아 6개의 대국을 잇달아 정복해 기원전 221년에 '천하'를 통일했다. 그는 '빛나는 하늘의 지배자'라는 의미의 '황제'라는 칭호를 처음 사용했으며, 초대 황제라는 뜻으로 시황제(始皇帝)라고 칭했다.

시황제는 전 국토를 군(郡)과 현(縣)이라는 행정 단위로 나누고, 중앙에서 관료를 파견해 중앙집권적으로 지배했는데, 이런 통치 시스템을 '군현제'라고 한다. 그는 전 국토를 일체화하기 위해 지방 도시의 성벽을 부수고 수도를 중심으로 도로를 정비해 각 지역을 연결했으며, 차궤(車軌)를 통일하고 무기도 몰수했다.

진나라는 불과 15년밖에 지속되지 못했지만, 중국의 전 국토를 통일한 최초의 대제국에 대한 명성은 '치나, 시나'로 유라시아에까지 알려졌다. 고대 인도와 로마제국에서도 이 호칭을 사용해, 중국의 영어명인 '차이나(China)'의 어원이 되었다.

시황제는 산동 지방의 태산(泰山 : '크고 편안한 산'이라는 뜻)에서 천지를 받드는 '봉선(封禪)의 의(儀)'를 행해 자신이 천하의 지배자라는 사실을 세상에 알렸다. 산동 지방이란 '태산의 동쪽'에 있는 지방이라는 뜻이다.

그는 황제의 뜻을 '법'으로 하는 엄격한 통치를 실시했고, 정치 비판의 근거가 될 가능성이 있는 모든 서책을 불태웠으며(분서(焚書)), 이에 항의한 유가의 학자들을 생매장했다(갱유(坑儒)).

또 기존에는 지방마다 달랐던 문자(전서(篆書))와 통화(반량전(半兩錢)), 도량형을 통일했다. 이리하여 진나라는 20세기까지 계속된 중화제국의 원형을 만들었다.

천하를 지배하고자 했던 시황제는 몽골 고원(蒙古高原 : 전설상의 시조인 무크로에서 유래, '용감한 사람'이라는 뜻)의 유목 기마제국인 흉노에 군대 10만 명을 파견해 싸웠고, 전국시대에 건설한 장성을 연결해 '만리장성(북쪽 변경을 따라 건설한 긴 성벽)'을 축조해 대비했다. 현재 남아 있는 만리장성은 16세기 명(明)대에 건설한 것이다. 시황제의 장성은 이보다 북쪽에 축조했는데, 흙을 굳혀서 만들었기 때문에 현재는 풍화되어 거의 남아 있지 않다.

만리장성, 2005년, © 하오웨이, W-C

　시황제는 또 남월(南越 : 남방의 월인이 거주하는 지방)에 군대를 보내
베트남 북부에 이르는 지역을 정복했고, 오늘날의 광주(廣州 : '광대한
지역'이라는 뜻)에 통치의 거점으로 삼기 위한 남해 군도(郡都)를 건설
했다.

　하지만 제국을 건설하기 위한 시행한 만리장성 축조 등 대토목 공
사는 민중에게 과대한 부담을 지웠다. 때문에 시황제가 기원전 210
년에 전국 순행을 하다 세상을 떠나자, 중국 사상 최초의 농민 봉기
인 진승 · 오광의 난(陳勝鳴廣亂)이 일어났고, 이를 계기로 전국적으
로 봉기가 확산되어 기원전 206년에 진나라는 붕괴했다.

400년간 계속된 한 왕조가 한족의 통일과 한자 문화권을 형성

진(秦)나라에 이어 전한(前漢)과 신(新), 후한(後漢)으로 400년간(기원전 202~기원후 220) 지속된 한(漢) 왕조는 춘추와 전국시대에 싹튼 중국 문화의 원형을 형성해 한민족을 통일했고, 주변 여러 민족을 정복해 동아시아 세계를 하나로 만드는 기반을 구축했다. 따라서 한자와 한어, 한문이 한국과 일본 등 여러 문화의 토대가 되었다. 일본에서는 지금도 여전히 표의문자인 한자를 사용하고 있다.

전한의 전성기 황제인 무제(武帝)는 과거 한 고조(유방) 시절에 한나라에 압력을 가했던 흉노에 대군을 파견해 이들을 고비('자갈이 많다'는 뜻) 사막 북쪽으로 쫓아버렸다. 그 뒤 무제는 장건(張騫)을 서역(西域 ; '중화제국의 서쪽 지역'이라는 뜻)에 파견해, 과거 흉노 때문에 서방으로 쫓겨났던 대월씨(大月氏)와 제휴를 모색했다.

장건은 실크로드와 서방의 대국 파르티아(Parthia : 안식)국의 존재 등 방대한 정보를 가져왔다. 그는 유럽의 콜럼버스처럼 중국인의 세계 인식을 현저하게 확대시켰다.

무제는 흉노의 지배하에 있던 타림 분지(Tarim Basin ; 위구르어로 '강의 흐름이 모인 곳'이라는 뜻) 주변에 있는 오아시스 도시국가 36개를 자신의 지배하에 두었다. 또 황하 상류와 타림 분지를 연결하는 기련 산맥(祁連山脈 ; 치롄 산맥, 흉노어로 '하늘(天)'을 뜻함) 기슭의 오아시스 지대(하서회랑(河西回廊))에 많은 중국인을 이주시켜 4군(郡)을 설치했고, '서역'의 입구에는 돈황(敦煌 ; '빛나는 도시'라는 뜻)을 건설해 실크

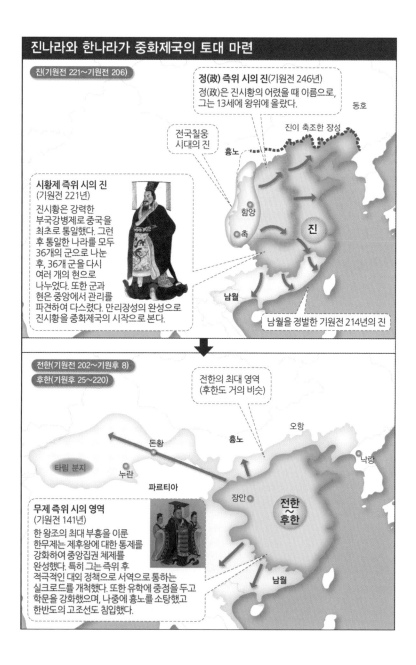

진나라와 한나라가 중화제국의 토대 마련

진(기원전 221~기원전 206)

정(政) 즉위 시의 진(기원전 246년)
정(政)은 진시황의 어렸을 때 이름으로, 그는 13세에 왕위에 올랐다.

동호

진이 축조한 장성

전국칠웅 시대의 진

흉노

함양

촉

진

시황제 즉위 시의 진 (기원전 221년)
진시황은 강력한 부국강병제로 중국을 최초로 통일했다. 그런 후 통일한 나라를 모두 36개의 군으로 나눈 후, 36개 군을 다시 여러 개의 현으로 나누었다. 또한 군과 현은 중앙에서 관리를 파견하여 다스렸다. 만리장성의 완성으로 진시황을 중화제국의 시작으로 본다.

남월

남월을 정벌한 기원전 214년의 진

전한(기원전 202~기원후 8)
후한(기원후 25~220)

전한의 최대 영역 (후한도 거의 비슷)

오항

흉노

타림 분지

돈황

누란

파르티아

낙랑

장안

전한~후한

무제 즉위 시의 영역 (기원전 141년)
한 왕조의 최대 부흥을 이룬 한무제는 제후왕에 대한 통제를 강화하여 중앙집권 체제를 완성했다. 특히 그는 즉위 후 적극적인 대외 정책으로 서역으로 통하는 실크로드를 개척했다. 또한 유학에 중점을 두고 학문을 강화했으며, 나중에 흉노를 소탕했고 한반도의 고조선도 침입했다.

남월

로드를 통해 교역했다. 참고로 돈황 근처에는 1,000개 이상의 '굴원 (窟院, 굴 형태로 정비한 종교 시설)'으로 이루어진 '막고굴(莫高窟)'이 있다.

무제는 기원전 111년에 남월국을 정복했고, 베트남('남쪽 월인의 땅'을 뜻하는 한어에서 유래) 중부까지 지배하에 넣었다. 이때 향후 1000년에 걸친 지배의 기반을 구축한 것이다.

그리고 현재 세계유산으로 등록된 고도(古都) 후에(중국어의 '순화(천지 창조에 순응한다)'라는 뜻에서 유래)를 중심으로 하는 지역에 일남군(日南郡)을 설치했다. 또 기원전 108년에는 한반도 북부를 정복해 낙랑(樂浪)등의 4군을 만들었다.

이 밖에도 무제는 티베트와 운남('운령(雲嶺)의 남쪽 땅'이라는 뜻)에도 원정을 나가 5군을 설치했다. 무제는 말 그대로 '천하인'이 되고자 했던 것이다.

진시황이 만든 아방궁과 병마용

자신을 천상의 신에 비유했던 시황제는 위수 분지에 신의 궁전이라고 착각할 정도로 장엄하고 화려한 대궁전을 건설해 12만 가구의 관료와 부호를 이주시켰다. 여기에 더해 다시 대궁전인 아방궁(阿房宮)의 축성에 착수했으나 시황제의 생전에는 완성되지 못했고, 2대 황제 때 나머지 공사가 진행되었다. 이 궁은 기원전 207년에 항우가 진나라를 멸망시켰을 때 불에 탔는데, 불길이 3개월 동안 꺼지지 않고 계속되었다고 한다. 동서로 약 690미터, 남북으로 115미터에 이르는 대규모 목조 건축으로, 최대 1만 명을 수용할 수 있었다고 한다.

또 시황제는 죄수 70만 명을 동원해 교외에 세계 최대의 자신의 능묘(오늘날에도 높이 76미터, 한 변이 약 500미터인 방형의 분묘로 남아 있는 '시황제릉')를 짓게 했다. 묘 안에는 수은 등을 사용해 중국의 대지와 하천, 바다를 본떠 만들었다고 한다.

1974년, 능묘 동쪽으로 1.5 킬로미터 떨어진 밭에서 우연히 발굴된 지하호 3개에서는 황제를 수호하는 등신대의 군마와 전차, 병사로 구성된 7,000명의 근위대 군단을 구워서 만든 병마용(兵馬俑)이 출토되어 전 세계 사람들을 깜짝 놀라게 했다.

병마용 갱의 병사와 말

'조선'은 아침해가 빛나는 땅, '일본'은 태양이 떠오르는 땅

베트남의 한자 '월남(越南)'은 '남방에 세운 월인의 나라'라는 뜻

중화제국 주변의 여러 지역은 중화제국에서 큰 영향을 받았다. 조선과 일본, 베트남은 한자와 한어를 도입했고, 티베트도 한때 이들의 문명을 수용했다.

주변 국가들의 호칭에서도 이런 사실을 알 수 있다. 예를 들어 중화제국의 동방에 위치한 조선(朝鮮)과 일본(日本)은 각각 '아침 햇빛이 선명한 땅', '태양이 뜨는 지역'이라는 의미로, 이 명칭의 바탕에는 위치 관계가 깔려 있다.

이에 대해 남방의 베트남은 한자로는 '월남(越南)'이라고 쓰는데, 이는 '남방에 세운 월인의 나라'라는 뜻으로, 위치 관계와 더불어 '월인'의 나라라는 사실을 나타내고 있다. 월인은 중국 남부(절강, 복건,

광둥)부터 베트남 북부에 거주했던 사람들을 가리킨다.

중국 남서부에는 고도 4,000미터의 티베트 고원이 펼쳐져 있는데, 티베트는 당(唐)대에 중국 문명의 강한 영향을 받았다. 티베트인은 자국을 '보도(유능한 사람의 나라)'라고 부르는데, 중국에서는 서장(西藏)이라고 불렀다. 즉, 위치 관계가 호칭이 된 것이다.

영어명 코리아는 10세기 초반에 한반도 통일한 고려에서 유래

4세기 후반부터 7세기 중반까지의 한반도(면적 22만 제곱킬로미터)에는 삼국 시대(신라, 백제, 고구려가 대립)가 성립되었다가 나중에 당나라와 손잡고 한반도를 통일한 신라 시대(668~935)가 나타났다. 이때 수도가 된 경주에는 불국사 등의 건축물이 축조되어 불교문화가 꽃을 피웠고, 당나라를 본떠 군현제(국왕의 지배권 확립을 강화하고 징병, 징세를 늘리기 위해 중앙에서 관리를 파견하고 현을 재편성해 직접 통치하는 것을 말한다)를 실시했다.

9세기 말에서 10세기 초반에 걸친 혼란기를 거쳐 반도를 다시 통일한 것은 고려(918~1392)였다. 영어의 코리아는 이 고려에서 유래한 것이다.

고려의 수도는 개성('열린 땅'이라는 뜻, 사방이 소나무산에 둘러싸여 있어서 '송도(松都)'라고 불렀다)이었는데, 이 도시는 현재 북위 38도 군사 경계선에 인접해 있다. 즉, 판문점 북쪽이 바로 개성이다. 고려는 불교 선종과 고려청자 등 고도의 문화를 발달시켰는데, 13세기 중반 이후에는 원나라의 침공을 받아 지배하에 들어갔다.

우왕(禑王) 즉위 뒤 고려는 원나라 시절의 영토를 회복하려는 명나라와의 관계가 악화되었고, 1388년에는 명나라가 차지한 요동을 정벌하기 위해 군대를 파견했다. 하지만 군대를 이끌고 갔던 이성계(李成桂)가 중간에 회군을 결행해 수도로 돌아온 뒤 친명파 정권을 세우는데, 이것이 바로 조선 왕조(1392~1910)이다.

수도는 한강을 90킬로미터 거슬러 올라간 곳에 위치한 한성(과거 신라 시대는 한주(漢州), 고려 시대는 한양(漢陽)으로 불린 것을 계승한 것)으로 정했다. 한성은 현재 서울('수도'라는 뜻)이라고 불리며 대한민국의 수도이다. 이 왕조하에서 한글이 창제되었고, 오늘날 사회와 문화의 기반이 구축되었다.

또 당시에는 불교 대신 유교(주자학)를 국교로 삼아 과거로 선발된 관료가 통치했으며, 유교의 교양을 익힌 양반(兩班)이 지배층으로서 큰 세력을 쥐고 있었다.

대륙 국가 중화제국은
해상 진출이 늦어졌다

서해는 중국, 한반도, 일본 열도를 연결하는 교통과 교역의 중심지

내륙의 제국인 중국에서는 바다 세계에 대한 관심이 옛날부터 전통적으로 희박했다. 예를 들어 대만 지배를 살펴보면, 실질적으로 중국의 지배하에 들어간 때가 1683년이니까 국력에 비해 해상 진출이 그만큼 늦었다는 사실을 방증하는 것이다.

최초로 중국과 관련 있던 해역은 황하와 회하(淮河) 등이 흘러드는 '서해(황해 : 면적 38만 제곱킬로미터)'이다.

서해는 산동 반도와 요동 반도를 연결하는 지역으로 발해 만과 구별된다. 발해(渤海 : 면적 4만 2,900제곱킬로미터)는 '소용돌이치는 바다'라는 뜻인데, 중국의 북쪽에 위치해 '북해'라고 불리기도 한다.

서해는 황하 등에서 흘러나오는 방대한 양의 토사 때문에 바다가

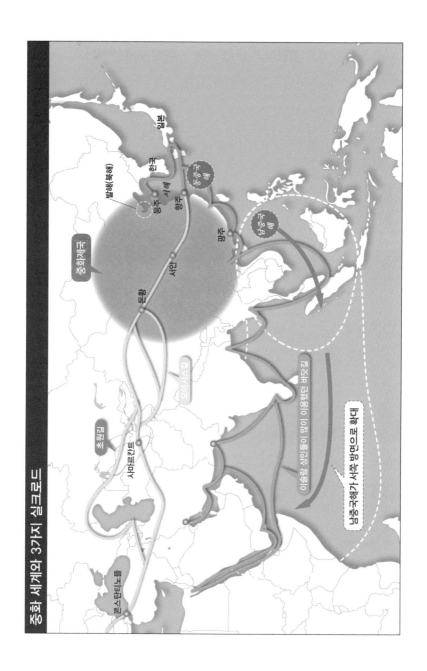

중화 세계와 3가지 실크로드

중화제국

발해(북해)
요동 / 한국 / 둥주 / 서해 / 항주 / 광주
평안 / 동중국해 / 남중국해

둔황 / 시안

조선시대

초원길
사마르칸트

콘스탄티노플

이슬람 상인들이 많이 이용했던 바닷길

남중국해가 서쪽 방면으로 확대

황색으로 탁해져 황해라고도 불렀다. 이곳은 평균 40미터 정도의 깊이로 매우 얕고 사빈(沙浜) 해안이 많아 좋은 항구는 없지만, 황하라는 문명의 중심지에서 가까웠기 때문에 중국과 동북아, 한반도, 일본 열도를 연결하는 교통과 교역의 중심지로 예부터 번영했다.

항로는 산동 반도에서 해안을 따라 요동 반도에 이르며, 서해와 대한 해협을 통과해 하카타 만(博多灣), 세토나이카이(瀬戸内海)로 해상 교역망이 뻗어 있다.

전한의 무제가 고조선에 4군을 설치하고, 오늘날 평양 부근에 낙랑군이라는 한인의 거주지를 개척한 이래 교역 활동이 활성화되었으며, 204년에는 오늘날의 황해도와 경기도 부근에 대방군(帶方郡)을 설치했다.

한나라 상인은 한반도를 통해 일본 열도와 교역을 왕성하게 진행했다. 예를 들어 야마타이국(邪馬台國)에 대해 기술한 것으로 유명한 《위지(魏志)》〈외인전〉은 일본 열도에 대해 간단히 언급했는데, 일본 열도의 특산품으로 옥(비취)과 구슬(진주)을 들었다. 이런 특산품이 중국 문명을 일본 열도로 전파하는 데 촉진제 역할을 한 것은 아닐까?

11세기에는 페르시아 만, 홍해, 아프리카 동해안까지도 남해에 포함

중국 문화가 강남으로 확대되는 것과 함께 서해(황해) 해역 역시 남쪽으로 뻗어가 동중국해와 통하면서 교역이 활성화되었다. 그리고 마침내 뛰어난 어장인 장강 하구의 주산(舟山) 열도와 일본의 고토(伍島) 열도의 뱃사람들도 교역에 참가하게 됐다.

당나라에서 원나라에 걸쳐 영파(寧波, 과거에는 명주(明州)라고 불렸으며 지명은 파도가 잔잔하다는 뜻이다)가 이 해역의 중심 항구였다. 일본의 견당사는 이곳에서 대운하를 거쳐 장안에 이르렀다. 아편 전쟁 이후 중심 항구는 상해(상해포라는 샛강 이름에서 유래)로 옮겨갔다.

이에 비해 동남아시아로 이어진 남쪽 해역과 연안의 여러 나라 그리고 중화제국의 남쪽에 있는 바다를 '남해(남중국해)'라고 불렀다.

남해라는 이름으로 불린 해역은 시대와 함께 변화했다. 중국의 범선(정크선) 교역권이 확대되면서 '남해'는 믈라카 해협을 넘어 인도양까지 확대됐다. 11세기에는 페르시아 만, 홍해, 아프리카 동해안 일부까지도 남해의 범위에 포함됐다.

중화제국이 '남해'와 적극적으로 연관을 맺기 시작한 것은 전한의 무제 시대였다. 그는 기원전 2세기 말 베트남 중부에 이르는 남월을 정복해 9개 군을 설치했다. 이들 중 하나가 '남해군'으로, 이는 말 그대로 남해로 통하는 창구가 됐다. 중심이 된 항구는 광주(廣州, 광대한 구역이란 뜻)였으며, 그 이름은 삼국시대 오나라에서 시작됐는데 지금도 중국의 중요한 대외무역 창구이다.

현재는 대만 해협 이남의 인도차이나 반도, 말레이 반도, 보르네오 섬, 필리핀의 여러 섬들로 둘러싸인 해역을 '남중국해'라고 부르고 있다.

유목민의 중국 침입으로 북방 민족이 한반도 이주

황하 유역의 중원이 유목민에 의해 점령된 '5호16국시대'

삼국시대(220~280) 말기, 중원을 지배했던 위(魏)나라는 263년에 촉한(蜀漢)을 침략해 멸망시켰다. 265년에는 위나라의 실력자인 장군 사마염(司馬炎)이 황제 조환(曹奐)에게서 제위를 빼앗아 진(晉)나라를 건국했으며, 280년에는 오(吳)나라를 평정해 마침내 천하를 통일했다.

하지만 사마염(무제)의 뒤를 이은 혜제(惠帝)는 고통을 모르고 자라, 곡물이 부족해 민중이 굶고 있다는 소식을 듣고는 "그렇다면 고기를 먹으면 되잖소!"라고 말할 정도로 어리석은 군주였다고 한다.

황제가 이처럼 어리석자 비(妃)의 일족이 정권을 탈취해 전횡을 일삼았고, 이를 계기로 지방에 파견했던 왕족 8명이 제위를 둘러싸고

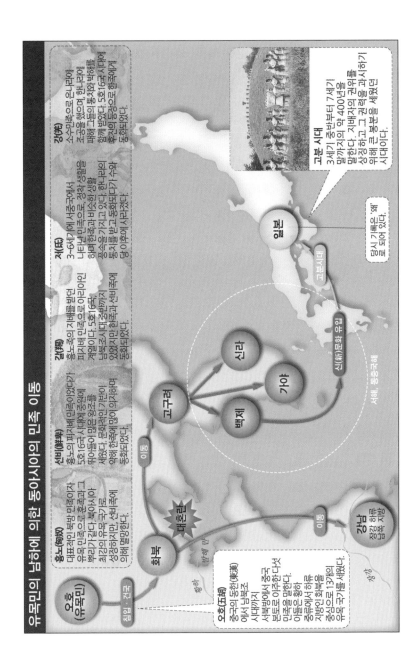

유목민의 남하에 의한 동아시아의 민족 이동

서로 죽이는 '8왕의 난(300~306)'이라는 내란이 일어났다.

이때 용병으로 활약한 다섯 계열의 유목민('오호(伍胡)'라고 함. '호'는 북방 이민족을 가리킴. 당시 '호기(胡騎)'라는 기마 군단이 군의 주력이었다)은 흉노의 왕이 진나라를 침공한 이래 잇따라 황하 중류 유역에 침입해 많은 나라를 세웠다. 이 시대를 '5호16국시대(316~439)'라고 한다.

이 시대는 중화 세계의 중심 지역인 황하 유역의 중원이 유목민에게 점령되어 불교 등의 이문화와 '의자에 앉아 생활하는 습관' 등이 폭넓게 반입된 격변기였다. 당시 한족은 군사력을 갖춘 유력자 중심으로 단결해 자위(自衛)를 하거나, 유력 제후의 통솔을 받으며 강남으로 대거 이주했다. 이 밖에도 황하 유역에서는 중국의 전통 문명과 이질 문명이 뒤섞여 중국 문명이 크게 변하게 된다.

진나라가 멸망한 지 2년 후, 건업(建業 : 현재의 남경(南京))을 수도로 정하고 진(동진(東晉))이 다시 일어난다. 이윽고 질서가 회복되면서 보리 농사와 유목적인 문화가 섞인 '북'과, 벼농사와 전통적인 한(漢) 문화가 섞인 '남'이 대립하는 '남북조시대(南北朝時代. 439~589)'에 접어든다.

이처럼 황하 중류 지역에서 대혼란이 일어나자 난민 무리는 한반도 등으로 이동했고, 이 가운데 일부는 대한 해협을 넘어서 일본 열도에 이르렀다. 이후 야요이(彌生) 문화(기원전 4세기~기원후 3세기)와는 확연히 다른 '고분 문화(3세기 말~7세기)'가 생겨났고, 이는 중국의 난민 이동과 밀접한 관련이 있다.

막고굴이 있는 서역 입구의 돈황은 '빛나는 도시'라는 뜻이다

북위는 몽골 고원과 접점에 위치한 현재의 산서성(山西省 ; 태행 산맥(太行山脈) 서쪽이라는 뜻)의 대동(大同 ; 고대의 이상적인 사회 '대동'에서 유래)을 수도로 정하고, 화북 지방을 통일했으며 불교를 중시했다.

하지만 16세에 즉위한 태무제(太武帝)는 불교에 대항해 조직된 도교를 보호했다. 그는 노자(老子)를 시조로 하고 천상에 있는 '신선태상노군(神仙太上老君)'을 존경하며 불로장생, 가족의 번영 등 현세의 복락(福樂)을 설파한 도교의 개조(開祖)인 구겸지(寇謙之)를 사부로 청했다. 또한 446년에 폐불기석령(廢佛棄釋令)을 내리고 전 국토에 있는 사원을 파괴했으며, 승려를 모두 환속시켰다. 하지만 태무제가 암살된 후 불교가 다시 일어선다.

그 결과 북위는 서역 입구에 위치한 돈황('빛나는 도시'라는 뜻)에서 석굴 사원(막고굴)을 만들었던 장인들을 초대해, 국가 사업으로 대동 교외의 운강(雲崗)에 크고 작은 53개 석굴에 5만 1,000여 체의 불상을 새겼고, 역대 황제를 '대불(大佛)'로 모셨다(운강 석굴).

일본 나라(奈良)에 있는 대불의 조형과, 아프가니스탄에 있는 바미안(Bamyan) 석굴의 대불(53미터나 되던 이 대불은 아쉽게도 2001년 탈레반에 의해 폭파되었다)은 바로 이 운강 석굴의 계보를 잇는 것이다. 북위는 중국화의 길을 선택해 황하 중류 지역의 낙양으로 천도하면서, 교외에 위치한 용문(龍門)에 새로 석굴을 만들었다.

수나라는 운하로 대륙 연결, 당나라는 문화로 세계 경영

수나라는 황하와 회수, 장강의 3대 하천을 운하로 연결

약 370년 만에 중화제국을 재건한 나라가 수(隋)나라(581~618)이다. 수나라는 현물로 세금을 징수하는 조용조 제도(租庸調制度)와 농민의 징병 제도를 활용하며 농업제국을 재건했지만, 대토목 공사와 세 번에 걸친 고구려 원정 실패로 불과 38년 만에 멸망하고 말았다.

수나라의 대토목 공사란 동서로 흐르는 황하와 회수('대지를 둘러싸 듯이 흐르는 강'이라는 뜻), 장강('장대한 강'이라는 뜻)의 3대 하천을 남북으로 연결하는 대운하 건설을 말한다. 대운하는 '남선북마(南船北馬)'라고 할 정도로 대조적인 화남(華南)과 화북(華北)의 2대 교통 시스템을 연결하는 대동맥으로, 중화 세계의 일체성을 강화하는 데 공헌했다.

부친인 문제(文帝)가 갑작스럽게 죽자(시해설) 황태자인 형을 실각시키고 제2대 황제가 된 양제(煬帝)는 강남에 대한 지배를 강화하고 남북의 물자 교류를 활성화하기 위해, 농민 100만 명을 동원해 폭 30~40미터의 대운하 건설에 착수했다. 이처럼 대운하를 건설하고자 했던 것은 곡창 지대인 강남(江南 ; '장강의 남쪽 지역'이라는 뜻)의 항주(杭州 ; '건너는 곳'이라는 뜻)와 정치와 군사의 중심인 장안(長安), 군사의 중심인 탁군(지금의 북경. 명나라의 영락제가 천도한 이래 북경이라고 불림)을 연결하기 위해서였다.

대운하는 단순히 남북의 물자를 유통시키기 위해 건설한 것이 아니라, 북방에서 대군사 행동을 전개할 때 병력을 수송하고 군량미 보급을 원활하게 하려는 군사적 목적도 있었다.

엄청난 인력을 동원한 결과 불과 6년 만에 길이가 1,794킬로미터인 대운하가 완성되었는데, 건설에 동원된 농민 입장에서는 고난에 가득 찬 대공사였다. 운하 건설에 동원된 농민 가운데 50~60%가 희생되었다고 하니, 얼마나 어려운 공사였는지 미루어 짐작할 수 있다.

605년 가을에 황하와 회수를 연결하는 통제거(通濟渠)가 완성되자, 양제는 큰 배를 많이 건조하게 한 뒤 강도(江都)를 향해 대규모 행차를 했다. 세계의 패자인 황제의 힘을 과시하기 위한 행동이었다.

그는 길이가 60미터이며 4층에 방이 100개 이상이나 되는 '용선(龍船)'이라는 큰 배를 만들게 한 뒤, 많은 미녀를 태우고 주연을 여러 차례 개최했다. 그는 수많은 호화선을 띄우고 20만 명이나 되는 사람들을 태워 대운하를 타고 내려갔다. 물살의 흐름이 없는 대운하에서 이

수나라의 운하 건설과 당나라의 서역 교역

수(581~618년)
북조를 통일한 무제가 죽은 후 선제를 거쳐 그의 어린 아들 정제 때 외척 양견이 수 왕조를 창건했다. 이후 남쪽의 진을 멸망시키고 남북조를 통일했다. 법률을 제정하고 균전제(국가가 농민에게 땅을 빌려주는 것)를 시행하면서 중앙집권 체제를 확립했다. 하지만 수양제가 대운하(북경과 항주를 잇는 일종의 수로)를 만들고 고구려 원정에 실패한 후 멸망한다.

대흥성
진나라를 멸망시킨 수문제가 장안 남동쪽에 새로 성을 건축하여 수도로 삼은 곳이다. 또한 나중에 수양제가 낙양에도 동쪽 수도를 만들고 둘을 합쳐 양경(2개 수도)이라고 했다. 중앙 정부가 있던 수도였던 만큼 많은 식량과 물자를 소비했다.

투루판 / 돈황 / 영제거(608년) / 탁군(북경) / 낙양(동도) / 군사의 중심 / 대흥성(장안) / 강도(양주) / 산양독(587년) / 정치의 중심 / 수 / 여항(항주) / 강남운하(610년) / 광통거(584년) / 경제의 중심 / 통제거(605년) / 참파

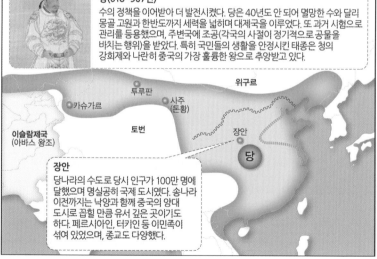

당(618~907년)
수의 정책을 이어받아 더 발전시켰다. 당은 40년도 안 되어 멸망한 수와 달리 몽골 고원과 한반도까지 세력을 넓히며 대제국을 이루었다. 또 과거 시험으로 관리를 등용했으며, 주변국에 조공(각국의 사절이 정기적으로 공물을 바치는 행위)을 받았다. 특히 국민들의 생활을 안정시킨 태종은 청의 강희제와 나란히 중국의 가장 훌륭한 왕으로 추앙받고 있다.

위구르 / 투루판 / 사주(돈황) / 카슈가르 / 이슬람제국(아바스 왕조) / 토번 / 장안 / 당

장안
당나라의 수도로 당시 인구가 100만 명에 달했으며 명실공히 국제 도시였다. 송나라 이전까지는 낙양과 함께 중국의 양대 도시로 꼽힐 만큼 유서 깊은 곳이기도 하다. 페르시아인, 터키인 등 이민족이 섞여 있었으며, 종교도 다양했다.

와 같은 대선단을 끌기 위해 8만 명이나 되는 농민을 사역으로 내몰 았던 것이다.

남북의 여러 하천을 연결하는 장대한 운하는 사람과 물자, 정보가 교차하는 거대한 통로가 되었고, 황하와 장강 유역 등을 하나로 통합 하는 역할을 했다.

이 대운하는 오늘날에도 제녕(濟寧) 이남 약 1,000킬로미터를 통행 할 수 있으며, 연간 수송량은 약 5만 톤이나 된다고 한다. 유라시아 적인 스케일로 '대운하'를 본다면 육지의 네트워크('비단길', '초원길' 등)와 바다의 네트워크(바닷길)를 유라시아의 동쪽 끝에서 하나로 연 결했다는 점에서 주목할 만하다.

당나라의 측천무후는 스스로 제위에 오른 중국 역사상 유일한 여제

수나라 다음으로 중국을 지배한 나라가 당나라이다. 당제국은 수 도인 장안(長安 ; 오늘날의 서안) 외에도 부도(副都)로서 동쪽의 낙양(洛 陽), 북쪽의 태원(太原 ; '광대한 평원'이라는 뜻)을 건설해, 한반도에서 중앙아시아, 인도차이나 반도에 이르는 광대한 영역에 영향력을 미 쳤다.

또 한반도의 평양('평원의 땅'이라는 뜻)과 베트남의 하노이(Hanoi ; '강 사이의 땅'이라는 뜻), 실크로드의 고차(庫車), 내몽골, 외몽골, 중가 르(Jungar ; '서방'이라는 뜻)에 주변의 여러 민족을 관리하기 위해 관청 6개를 설치한 뒤 회유책을 쓰며 이들을 지배했다.

동아시아에는 신라 수도인 경주('경사(慶事)를 집행하는 주성(州城)'이라는 뜻)와 야마토(大和) 왕권의 평성경(平城京) 등에 장안을 모방한 도시가 건설되었고, 이곳에는 율령 제도를 비롯한 당나라 문화가 대규모로 전파되었다.

당제국은 책봉 체제라는 형식적인 군신 관계로 동아시아 세계의 질서를 확립했다. 당제국은 유목 문화의 영향을 많이 받았기 때문에 여성의 사회적 지위가 높았다. 3대 황제인 고종(高宗)의 황후 무(武 : 측천무후)는 고종이 병을 앓자 이를 틈타 정권을 장악했다. 그리고 고종이 죽은 후에는 여성 미륵보살이 천상에서 내려와 세상이 번영할 것이라는 구절이 담긴 '대운경(大雲經)'을 만들어, 자신이 미륵이라고 주장하며 스스로 제위에 오른 뒤 성신황제(聖神皇帝)라고 칭했다. 측천무후는 '남존여비'의 성격이 강한 중국 역사상 유일한 여제였다. 그녀는 보수적인 문벌 귀족을 억제하고, 과거를 통해 뛰어난 관료를 발탁하는 등 당나라의 번영 기반을 구축했다는 평가를 받기도 한다.

이처럼 광대한 당제국은 당나라의 선진 문화를 많은 지역에 전파했으며, 와인 등을 마시는 이란의 생활 문화와 조로아스터(Zoroaster)교, 마니(Mani)교 등의 종교가 장안에 전달되었다.

8세기 초반에 제6대 황제로 군림한 현종(玄宗)의 치세로 45년간 재정도 확장되었다. 인구가 100만 명이 넘은 장안에는 1만 명 이상의 동아시아 유학생과 유학승이 있었고, 장안은 인구 20명 가운데 한 명은 페르시아(Persia)인과 소그드인이라고 할 정도로 국제 도시가 되었다.

송나라는 해상 진출 활발, 명나라는 해상 무역을 금지

송나라는 금나라에 회수 이북의 지배권 넘기고 신하 맹세

인구 100만 명이 넘는 송(북송)나라의 수도 개봉(開封 : '변경의 개척지'라는 뜻)은 대운하와 황하의 접점에 위치하는 경제 도시였다. 개봉시내에 있는 4개 운하를 통해 전국의 여러 도시가 연결되었고, 가게와 노점이 하루 종일 영업했으며, 번화가에는 수천 명을 수용하는 대극장이 여러 개 있었다.

나침반과 외양 범선 정크로 해외 무역이 발달했고, 광주(廣州)와 천주(泉州 ; 북교(北郊)의 산에 있는 샘에서 따와 명명)와 영파(寧波) 등의 항구를 통해 동남아, 인도 등으로 중국 특산품인 도자기 등을 운반했다.

임안(臨安 : '임시 도시'라는 뜻, 오늘날의 항주(杭州))을 수도로 한 남송

시대에는 무역 수입이 국가 세입의 20%를 차지할 정도로 해외 무역이 활발하게 이루어졌다.

내정을 중시해 수도 주변에 군대를 집중시킨 송나라는 북쪽에 있는 유목인의 압박 때문에 고생했다. 그래서 몽골 고원과 동북 지방을 지배하는 거란(契丹)에 매년 대량의 은과 비단을 보내 평화의 대가를 지불했다. 당시 거란은 짧은 시간에 신생국에서 제국을 이룰 만큼 강대했기 때문에 사방에 이름을 널리 알렸다.

몽골제국 시대에는 중국 북부를 '거란'이라고 불렀고, 남부를 '만즈'라고 불렀다. 만즈는 한자의 '만자(蠻子)'에서 유래한 것인데, 이는 '야만인'을 가리키는 말이다. 마르코 폴로의 《동방견문록》에서도 이런 지명을 사용하고 있다.

《동방견문록》의 한 페이지,
1298~1299년

마르코 폴로를 그린 모자이크화, 1867년,
Salviati

12세기 초반, 퉁구스계 여진족이 거란을 쓰러뜨리고 금(金)나라를 건국한다. 송나라는 외교적으로 금나라를 이용하려고 했지만, 오히려 금나라의 공격을 받아 회수 이북의 지배권을 넘겨주어야만 했다. 송나라는 금나라에 대해 신하임을 맹세하고 매년 은 15만 관을 보내기로 하는 등의 가혹한 조건을 받아들여 겨우 나라를 유지할 수 있었다.

하지만 몽골 고원에서 출발한 몽골이 1234년에 금나라를 정복한 뒤에는 정면으로 압박받게 되었고, 결국 송나라는 1279년에 몽골의 침략을 받고 멸망했다.

해상 무역을 금지했던 명나라가 정화에게 남해 원정을 지시

몽골은 금나라를 멸망시키고 원(元, 1271~1368)을 세우고 수도를 대도(大都, 지금의 북경)로 정했다. 이곳은 몽골 고원에서 중화 세계로 진출하는 입구였다.

원나라 말기에 백련교(白蓮敎)라는 불교계 비밀결사가 '홍건(紅巾)의 난'을 일으켰다. 홍건의 난 속에서 세력을 키운 빈농 출신의 주원장(朱元璋 ; 태조 홍무제(洪武帝))은 지주 세력과 손잡고 '회복중화(回復中華)'라는 슬로건을 내걸고 주도권을 확립했다. 그는 1368년에 몽골인을 몽골 고원으로 쫓아내고, 남경을 수도로 하는 명나라를 건국했다.

홍무제는 전통적인 농업 사회를 재건하기 위해 상업을 억제했고,

제국의 지배를 안정시키기 위해 민간 상인의 해외 무역을 금지했으며(해금(海禁) 정책), 국가가 정치적으로 무역을 관리하는 조공무역을 실시했다.

원나라가 멸망하면서 동중국해와 서해에서 해운에 종사하는 사람들이 실직했고 이로 인해 약탈 행위 등이 빈번하게 일어나자 어쩔 수 없이 해금 정책을 실시한 것이다. 하지만 이 때문에 몽골제국시대(원)에 번영했던 해외 무역이 단숨에 시들고 말았다.

15세기 초반에 쿠데타로 제위에 오른 영락제(永樂帝)는 중국의 세계화를 꾀하고자, 스스로 군대를 이끌고 다섯 차례에 걸쳐 몽골 고원으로 원정을 떠났다. 또 그는 몽골 고원 입구의 북경으로 천도해 수도로 정했고, 군대 80만 명을 이끌고 베트남 정벌에 나섰다. 또 이슬람교도 환관인 정화에게 8,000톤 정도로 추정되는 대형 정크 등 62척과 승조원 2만 7,000여 명으로 구성된 대함대를 주고 인도양으로 파견해 국영 무역을 실시하게 했다.

초기에 실시한 세 차례 원정의 목적지는 인도 서안의 후추 무역 중심지인 캘커타였으나, 네 번째부터는 페르시아 만 입구의 호르무즈(Hormuz)까지 진출했다.

정화 함대는 인도와 페르시아 만뿐 아니라 저 멀리 아프리카 동해안까지 나아갔으며, 이곳에서 기린과 표범, 타조 등의 진귀한 특산물들을 중국으로 가져왔다.

하지만 북경의 새 궁전이 낙뢰로 불타고, 함대 파견으로 거액의 비용을 지출하자 원정이 중단되었다. 명나라는 류큐(琉球)에 중국인을

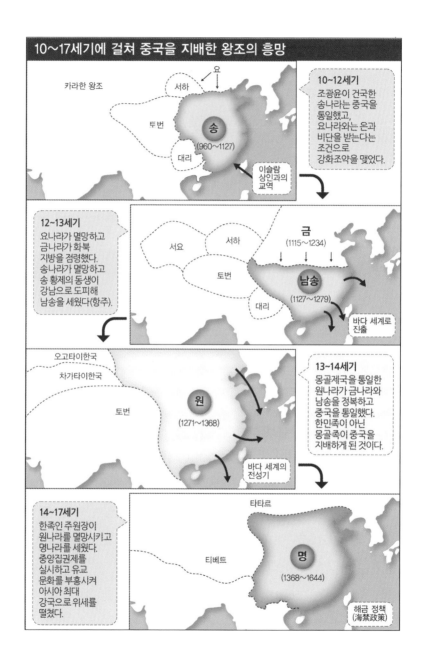

정착시켜 정크를 주었고 감합부(勘合符, 외국과의 통교 및 무역에 발행하던 확인 표찰-역주) 없이 교역할 수 있는 특권을 인정해, 동남아에서 여러 물자를 입수하는 데 주력했다. 이것이 15세기 후반의 '류큐의 대교역 시대'이다.

원(元)대부터 명대 초기에 걸쳐 중국과 서아시아의 교역이 활성화되었고, 중국의 도자기가 서아시아로 많이 수출되었는데, 이때 주요 상품이 된 것이 바로 서아시아산의 푸른색 염료인 코발트를 사용해 구운 자기였다. 북송의 제3대 황제 진종(眞宗)의 경덕(景德) 연간(1004~1008)에 관요(官窯)가 개설된 이래, 경덕진(景德鎭, '경덕년 동안의 마을'이라는 뜻)이라고 불린 도시는 '남빛 무늬를 넣어 그린 자기'를 제조해 세계적인 도자기 도시로 성장했다.

몽골로부터 수도 북경을 방어하기 위해 만리장성을 다시 축조

16세기에 접어들어서는 전쟁에서 황제가 포로로 잡힐 정도로 몽골인의 압력이 거세어졌다. 그래서 명나라는 국가 재정을 투입해 '만리장성'을 재건했다. 오늘날에 남아 있는 장성은 명대에 축조된 것으로, 이 장성은 높이가 7미터, 상부 폭이 약 4.5미터이며 연(延) 길이가 2,400킬로미터나 되는 튼튼한 성벽이었다.

특히 북경에서 북서쪽으로 약 60킬로미터 위치한 지점에 구축한 팔달령(八達嶺 : '팔방으로 통하는 고개'라는 뜻) 장성은 화강암과 벽돌로 튼튼하게 지은 길이 1,200미터, 높이 7.8미터, 상부 폭 5.8미터의 성벽이다. 이것은 몽골 고원과 접한 수도 북경을 방어하기 위한 것이었다.

하지만 만리장성 건설에 막대한 비용이 들면서, 연해 지역의 밀무역을 방지하는 군사 비용을 염출하기가 불가능해졌다. 그 결과 단속이 느슨해지면서 절강과 복건, 광동 등의 밀무역이 성행했고, 그 규모가 명나라가 무시할 수 없을 정도로 방대해졌다.

명나라가 국시를 지키기 위해 밀무역 상인단을 탄압하고 밀수의 본거지를 파괴하자, 이들은 일본의 5도 열도와 히라도(平戶), 가고시마(鹿兒島) 등으로 본거지를 옮겨 무장한 채 밀무역을 계속했다.

또 명나라는 일본 열도를 통일하고 한반도를 침략한 도요토미 히데요시(豊臣秀吉) 군에 대항하기 위해 대군을 파견했고, 동북에서 대두한 여진인의 남하에 대비하는 데 군비를 충당하느라 재정 악화의 길을 걷게 되었다. 그렇게 되자 늘어나는 것은 백성들의 세금 부담뿐이었다. 이런 상황하에서 '토지 균분'을 슬로건으로 내건 이자성(李自成)이 이끄는 농민 반란군이 1644년 북경에 난입했다.

최후의 황제 숭정제(崇禎帝)는 아들을 도망치게 하고 딸을 살해한 뒤, 궁전 북쪽에 위치한 작은 산에서 목을 매어 자살했다. 이로써 명나라도 쓸쓸하게 멸망하고 말았는데, 당시 모든 관료가 도망치고 숭정제를 따른 사람은 환관 단 한 명이었다고 한다.

여진족이 세운 청나라가
중국을 최대 영토로 확장

여진족이 중국 내륙을 침략해 중국 최후의 왕조 청나라를 건국

중화 세계의 '동북부'라는 뜻으로 '동북'이라 부르는 지역이 있다. 이 동북 지역에 거주하는 여진인(만주인, 현재 400만 명 이상)의 개국 설화에 부처의 왼쪽에 있는 문주사리보살(文殊師利菩薩)이 등장했기 때문에 '문주(文殊)'라고 불렸는데, 이것이 '만주'로 전와(轉訛)되었다.

동북 3개 성 가운데 하나인 길림성(吉林省 ; '하안(河岸)'이라는 뜻)과 하얼빈(哈爾濱 ; '평지'라는 뜻), 치치하르(Qiqihar ; '광대한 평원'이라는 뜻), 대련(大連 ; '제방이 있는 물가'라는 뜻) 등의 이름은 모두 여진어에서 유래한 것이다.

동북 남부에 위치한 요하(遼河) 유역은 대농경 지대로, 여진족 지도자 누르하치(奴兒哈赤)가 그 지류에 성경(盛京 ; '번성한 도시'라는 뜻, 현

중국 대륙을 300년 동안 지배한 이민족 청나라

청나라의 정치적인 특징
명나라의 지배 체제를 계승한 청나라는 압도적 다수인 한족을 지배하기 위해 명나라의 제도를 그대로 실시하고, 관료도 여진족과 한족의 비율을 비슷하게 채용했다. 또한 한족의 지식과 문화를 그대로 이어가도록 했다. 그러나 이런 회유책 뒤로는 여진족의 전통 헤어 스타일인 변발을 강요했다.

청의 번부

카르카부

치치하르부

치치하르

하얼빈

길림성

성경

북경

중가르부

청의 직할지

대련

요동 반도

회부

와라부
(와자(瓦刺))

산동 반도

서안

남경

티베트
(서장(西藏))

청

항주

광주

마카오

청나라의
초대 황제인
천명제,
이름은
누르하치

역사 속으로 사라진 청나라
중국 역사상 최대의 제국이었던 청나라는 많은 조공국을 거느리며 탄탄한 통치를 했다. 말기에 들어와서는 가난한 농민들이 반란(백련교의 난)을 일으켰고, 나중에는 대륙 전체를 피로 물들인 태평천국의 난도 일어났다. 또한 영국과는 두 번이나 아편 전쟁을 벌였고, 조공국이었던 베트남을 지키기 위해 프랑스와도 전쟁을 했지만 패했다. 한편 조선의 동학운동을 진압하기 위해 일본과도 전쟁을 치렀으며, 의화단 사건을 진압하기 위해 열강 8개국 연합군과 싸웠다가 참패했다. 이후 열강의 반식민지 상태에서 손문이 일으킨 신해 혁명으로 멸망해 역사 속으로 사라지고 만다.

제4대 황제 강희제　　　　제5대 황제 옹정제　　　　제6대 황제 건륭제

재의 심양)을 구축해 약 20년 동안 세력을 길렀다. 이후 이자성의 농민 반란을 이용해 중국 대륙에 들어가, 1644년 중국 최후의 왕조인 청나라를 열었다.

참고로 심양은 심수(瀋水 : 현재의 혼하(渾河))의 북안에 위치한 도시라는 뜻이다. 강 북쪽이 남쪽보다 해가 잘 비쳤기 때문에 '양(陽)'은 강의 북쪽을 의미한다. 또 '요하의 동쪽'이라는 반도가 바로 요동(遼東) 반도이다.

청나라를 세운 여진족은 대제국을 어떻게 통치했나?

200만 명밖에 안 되는 무리로 중국에 침입한 여진족이었지만, 300여 년간 여진족은 중국인 수억 명을 '당근과 채찍'의 정책으로 교묘하게 통치했다.

'당근'에 해당하는 것이 바로 중국 문화를 존중하고 중앙관청의 요직에 여진인과 한인을 같은 수로 채용하는 통치 시스템(만한병용)이며, '채찍'에 해당하는 것이 '머리카락을 자르지 않으면 목을 자른다'라고 강요한 여진인의 변발(두발을 깎고 후두부 일부 머리카락만 길게 길러 한 줄로 땋은 것)과 엄격한 언론 통제였다.

8세에 즉위해 61년 동안 통치하며 제국의 기초를 확립한 제4대 황제 강희제(康熙帝)는, 프랑스 루이 14세가 파견한 선교사 부베(Joachim Bouvet)가 '공자의 저술을 대부분 암기하고 있다'라고 보고할 정도로 학문이 뛰어난 사람이었다.

그는 대만을 거점으로 '반청 활동'을 전개했던 대(大)상인 정씨 일족의 활동을 1683년에 평정했는데, 대만이 실질적으로 중국의 영토가 된 것도 바로 이 시기이다. 참고로 대만은 동남아와 마찬가지로 말레이인이 사는 섬으로, 포르투갈어로 '포르모사('아름다운 나라'라는 뜻)'라고 불렸는데, 외국인을 환대하는 관습이 있는 이 섬 주민이 '외국인'을 '타이안, 타이오안'이라고 했던 데서 대만(타이완)이라고 칭하게 되었다. 또한 라마교 중심의 티베트를 지배하에 두고, 라마교를 믿는 몽골인을 교묘하게 지배했다.

또 제5대 황제 옹정제(雍正帝)를 거쳐 25세에 즉위해 60년 동안 황제로 군림한 건륭제(乾隆帝 : 제6대 황제)는 타림 분지를 중심으로 하는 동투르키스탄을 정복해 우루무치(烏魯木齊 : '큰 수렵장'이라는 뜻)를 중심으로 지배했으며 '신강(新疆 : 새로운 변경의 행정구)'으로 삼았다.

이들 내·외 몽골과 신강, 청해는 '번부'라고 불렸는데, 이곳에 사는 여러 부족의 일정한 자치를 인정하면서 중앙에서 파견한 장군과 대신(大臣)에게 이곳을 통치하도록 했다.

청나라는 이러한 이중 통치 체제를 이용해 역사상 최대 영역을 지배한 중화제국이었다. 청나라는 시베리아에서 동북아시아로 지배권을 확대한 러시아와 1689년에 '네르친스크 조약'을 체결해 시베리아와 동북의 경계를 확정했다.

'종이호랑이' 청나라는 열강의 먹잇감으로 전락

애로 전쟁에서 패한 청나라는 영국에 홍콩 할양

19세기에 접어들자 청나라는 급속히 쇠퇴했다. 영국과의 '아편 전쟁(1840~1842)'으로 청나라는 유럽의 자유무역권에 편입되었으며, 이 전쟁으로 영국에 홍콩(香港)을 할양하게 되었다. 홍콩은 약 2000년 전에 이 지역에서 침향(沈香)나무를 재배해 반출했기 때문에 붙여진 이름이다.

영국은 그 뒤 구룡(九龍 : 산세가 9마리 용처럼 보이는 데서 유래)과 신계(新界)로 조차(租借, 조약을 맺고 다른 나라의 영토를 일시적으로 빌려 자기 것처럼 사용하는 것)지를 확대해 중국 대륙 진출의 거점으로 삼았다. 홍콩의 인구도 1842년 5,000명에서 1931년에는 85만 명으로 급증했다.

아편 전쟁으로 영국은 청나라의 연해 지역을 자유무역권에 편입했

제2차 아편 전쟁에서의 광주 전투

지만, 내륙 국가인 청나라에 대한 경제적 수탈은 만족스럽지 못했다. 이런 가운데 태평천국(太平天國)이 중국 남부를 점령해 청나라가 존망 위기에 처하고, 1856년 광주(廣州)에서 영국의 밀수선 애로(Arrow) 호가 나포되었을 때 청나라의 관헌이 영국 국기를 모독한 사건(애로 호 사건)이 발생했다. 영국은 이를 절호의 기회라 여기고, 얼마 전 자국의 선교사가 광서성(廣西省)에서 지방 관헌에게 살해된 프랑스를 끌어들여 청제국과의 전쟁(애로 전쟁 : Arrow War)을 시작했다.

결국 이 전쟁에서 패배해 연합군에 북경을 점령당한 청나라는 1860년에 '북경 조약'을 체결해, 천진(天津) 등 11개 항구를 개항했고, 기독교 포교의 자유 등을 인정했으며, 외국 공사의 북경 주재를 받아들여 유럽을 중심으로 한 국민국가 체제를 인정하게 되었다.

이 전쟁으로 청나라는 영국에 홍콩 섬 맞은편에 위치한 구룡 반도

서구 열강의 먹잇감으로 전락한 중화 세계

러시아의 세력 범위

독일의 세력 범위

영국의 세력 범위

일본의 세력 범위

프랑스의 세력 범위

북경

요동 반도
여순
대련
위해위
(영국)
산동 반도
청도
산동
교주 만

서안
낙양

남경
상해
항주

대만

구룡 반도, 홍콩(영국)
마카오(포르투갈)

청나라의 근대화를 결사반대한 서태후

청나라가 내외로 흔들리고 혼란스러워지자 조정에서도 근대화를 하고 서양의 앞선 문물을 받아들여야 한다는 의견이 팽배했다.
하지만 청일 전쟁의 패배, 일본의 메이지유신을 본받은 군주제로의 전환을 위한 변법자강운동도 실패해 서구 세력에 제대로 대응조차 못했다. 특히 이 실패의 뒤에는 수구 세력과 손잡고 근대화에 반대한 서태후가 있었다.

남부를 할양했고, 화해 조약 성립을 위해 중개에 노력한 러시아에 광대한 연해주(沿海州)를 할양했다.

청일 전쟁으로 시작된 중국 분할에 영국 등 서구 열강들 참여

1876년 개항 이후 조선에서는 열강들의 경제적 침략으로 인해 농민들의 생활이 갈수록 어려워졌다. 이 무렵 조선의 전라도 지역에 살던 농민이 동학당의 지도하에 유럽과 일본 세력 배제 등을 슬로건으로 내걸고 대규모 봉기를 일으켰다(동학농민운동). 조선에는 이를 진압할 만한 군대가 없어, 청나라에 지원을 요청할 수밖에 없었다. 이에 청나라가 조선을 보호하기 위해 출병하자, 갑신정변 당시 일본이 청나라와 맺었던 천진 조약을 들먹이며 일본도 동시에 출병해 '청일 전쟁(1894~1895)'이 시작되었다. 이 전쟁은 전 국민을 전쟁에 결집한 일본이, 조선의 내정과 외교에 깊이 관여했던 이홍장(李鴻章)에게 승리하면서 끝났다.

청나라가 광대한 영토를 일본에 내주자, 한반도와 만주에 진출할 기회를 노리던 러시아는 독일과 프랑스를 설득해 간섭을 시작했고(삼국 간섭), 청나라가 일본에 배상금을 지불하는 대신 일본이 요동 반도를 반환하게 만들었다.

그 뒤 러시아는 요동 반도 남부 군항인 여순과 상업항인 대련을 25년 동안, 독일은 청도(靑島)를 중심으로 하는 산동 반도(태항 산맥의 동쪽이라는 뜻)의 교주 만을 99년 동안, 영국은 산동 반도 북동에 위치한

청일 전쟁에서의 평양 전투(1894년), 미즈노 도시가타의 판화

군항 위해위(威海衛 ; '견고한 바다의 수호지'라는 뜻)를 25년 동안 조차하기로 했다. '잠자는 사자'라고 불렸던 청나라의 쇠약한 모습이 백일하에 드러나자 유럽 열강은 앞다퉈 중국을 이권 쟁탈의 대상으로 삼은 것이다.

국민당 북벌과 공산당의 장정, 중국 대륙을 통일한 드라마

손문 사후 국민당의 주도권을 장악한 장개석이 북벌 개시

서구 세력에 본격적으로 침탈당할 당시의 중국은 지리적으로는 그다지 변동이 없었다. 하지만 제1차 세계대전부터 지금까지 많은 역사적인 사건이 쌓이면서 오늘날의 중국이 형성된 것이다. 여기에서는 20세기 이후 중국의 변화를 간략하게 살펴보겠다.

제1차 세계대전(1914~1918)은 열강의 세력 균형에 큰 변동을 가져왔다. 러시아 혁명과 함께 미국이 제1차 세계대전 후 국제 질서의 원리로 내세운 '민족 자결의 원칙(민족은 운명을 스스로 결정할 권리가 있다)'의 영향을 받아 전 세계적으로 민족 운동이 고양되었다.

중국에서는 제1차 세계대전 중인 1915년, 일본이 여순과 대련의 조차 기간을 99년으로 연장하고, 산동 반도에 대해 독일이 갖고 있던 이권을 일본이 계승하는 등 침탈을 확대하자, 중국인의 민족적인 위기의식이 심화되었다.

이때 진독수(陳獨秀)가 잡지 《신청년》을 창간해 구미의 신사상을 소개했고, 중국의 전통적인 옛 도덕 사상을 비판했다. 이런 가운데 마르크스주의도 소개되었다. 이 잡지는 청년층에게 새로운 사상을 침투시켜 '문학 혁명'이라는 새로운 조류를 낳았다.

손문, 중국 혁명의 선도적인 정치가로 중화민국을 세웠다.

제1차 세계대전 후 파리강화회의에 출석한 중국 대표가 중국도 전승국의 일원이라며 일본의 21개조 요구 철폐와 주권 회복을 요구했지만, 대국을 중심으로 운영된 회의에서 거부당했다.

이에 대해 1919년 5월 4일에 북경의 대학생들이 항의 운동을 시작하자, 이 운동이 전국으로 확산되어 반군벌의 민족 운동으로 발전했다(5.4운동). 그래서 중국 정부 대표는 파리강화회의에서 '베르사유 조약' 조인을 거부하고 그대로 귀국했다.

5.4운동이 고양되는 가운데 손문(孫文)이 1919년에 '중국국민당'을 조직했고, 진독수 등은 1921년에 코민테른의 지도하에 '중국공산당'을 조직했다.

1923년, 소련의 외교 정책에 공감하던 손문은 공산당 개인이 국민당에 참가할 수 있게 길을 열어주었다(제1차 국공 합작). 즉, 새로운 민족 운동을 전개할 수 있는 모체를 만들어낸 것이다.

손문이 죽은 뒤 국민당의 주도권을 장악한 사람이 바로 장개석(蔣介石)이었다. 1925년 5월 30일, 상해에서 영국군이 시위대에게 발포해 사상자가 다수 발생한 5.30 사건을 계기로 반제국주의 운동이 고조되기 시작했다. 이때 장개석은 1926년에 광동에서 국민혁명군을 북상시켜 여러 군벌을 평정하기 위한 '북벌(北伐)'을 시작했다.

농민운동, 노동운동과 연계해 '북벌'이 급속도로 성과를 내면서, 남경과 상해의 2대 도시가 해방되었다. 하지만 그러는 동안 국민당과 공산당 간의 골이 깊어졌고, 1927년 장개석은 공산당을 탄압하기 시작했다.

그 후 장개석의 중국국민당이 중심이 되어 북벌을 재개했다. 1928년에 북경을 지배했던 봉천파 군벌인 장작림(張作霖)을 쫓아내 북경을 지배하에 두었고, 국민당에 의한 중국 통일이 거의 달성되었다.

한편, 탄압받은 공산당은 농촌에 거점을 두고 토지 개혁을 추진하면서 세력을 키워, 1931년에는 서금(瑞金 : 강서성과 복건성 경계에 있는 소도시)을 거점으로 하는 '중화소비에트공화국 임시정부(주석은 모택동(毛澤東))'를 수립했다.

국민당에 탄압당한 공산당의 대장정과, 대일 항전을 위한 국공 합작

국민당이 북벌로 중국을 통일한 뒤에도 국민당군은 공산당의 지배 지역에 대해 공격을 멈추지 않았다. 1934년, 공산당의 거점인 서금 지역이 함락되자, 새로운 거점을 찾아 공산당군의 이동이 시작되었다.

공산당군은 1935년 섬서성(陝西省) 연안(延安 ; 황하의 지류인 연하 상류 도시)으로 거점을 옮길 때까지 1년여 동안 1만 2,500킬로미터에 걸쳐 이동했는데, 이를 '대장정(大長征)'이라고 한다. 이동을 시작할 때는 10만 명이었던 병력이 끝날 무렵에는 불과 1만 명만 남았다는 사실에서도 알 수 있듯이, 험난하기 짝이 없는 고난의 대행군이었다. 이 대장정을 하면서 공산당 내에서 모택동의 지도력이 확립되었다.

이동하던 도중인 1935년, 공산당은 내전을 중단하고 만주사변 후 일본의 침략에 맞서 싸우기 위해 통일 전선을 결성했다. 그리고 이를 방해하려는 장개석 타도 등을 내용으로 하는 선언(8.1선언)을 함으로써 새로운 정치 투쟁의 길로 나섰다.

이런 가운데 1936년에 연안을 중심으로 하는 공산당 지배 지역에 대한 포위전을 독촉하기 위해 서안(서쪽의 평안한 땅이라는 뜻)을 찾아갔던 장개석이 내전 중단을 주장하는 장학량(張學良) 등에게 감금되는 서안 사건(西安事件)이 일어났다. 그 결과 장개석도 공산당과의 제휴를 단행하기로 결의했다.

한편 국민당 정부가 영국과 미국에 접근하려는 데 초조해진 일본

중국 현대사를 이끈 역사적 사건과 중화인민공화국 수립

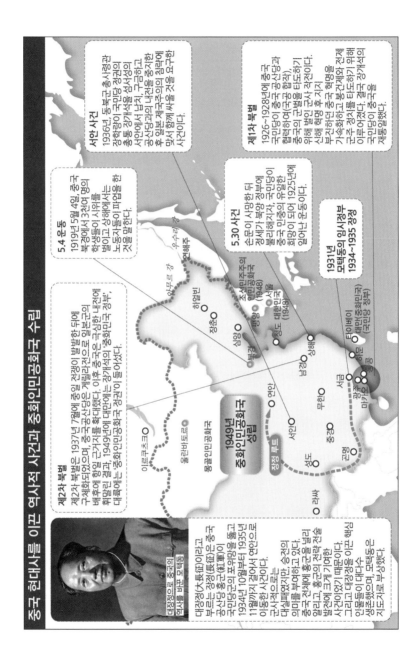

시안 사건
1936년, 동북군 총사령관 장학량이 국민당 정권의 홍콩 장개석을 섬서성의 시안에서 납치, 구금했고 공산당과의 내전을 중지한 뒤 일본 제국주의 침략에 맞서 함께 싸울 것을 요구한 사건이다.

제1차 북벌
1926~1928년에 중국 국민당이 중국 공산당과 협력하여(국공 합작) 중국의 군벌을 타도하기 위해 벌인 군사 작전이다. 시세가 북으로 전개되었고, 결국 장개석의 국민당이 주도권을 재통일했다.

5.4운동
1919년 5월 4일, 중국 북경에서 3천여 명의 학생들이 시위를 벌이고 상해에서는 노동자들이 파업을 한 것을 말한다.

5.30사건
순문이 사망한 뒤 정세가 복잡 정부에 불리해지자, 국민당이 중국 민중의 유일한 희망이 되어 1925년에 일어난 운동이다.

1931년 모택동의 임시정부 1934~1935 경정

제2차 북벌
제2차 북벌은 1937년 7월에 중일 전쟁이 발발한 뒤에 구체화되었으며, 중국공산당은 게릴라전으로 일본군의 배후에 항일 근거지를 확대했다. 이후 중국은 국공내전의 후반에 화암된 결과, 1949년에 대만에는 장개석의 중화민국 정부, 대륙에는 중화인민공화국 정권이 들어섰다.

대장정(大長征)으로 중국의 역사를 바꾼 모택동

대장정(大長征)이라고 부르는 장정(長征)은 중국 공산당군이 포위망을 뚫고 1934년 10월부터 1935년 11월까지 걸어서 연안으로 이동한 사건이다. 군사적으로는 대실패였지만, 승전의 의미를 부여한다 있다. 중국 전체에 홍군의 존재를 널리 알렸고, 대장정의 전략 전술을 발전에 크게 기여한 사건이었기 때문이다. 그리고 대장정을 이끈 핵심 인물들이 대부분 생존했으며, 모택동 등 지도자로 부상했다.

1949년 중화인민공화국 성립

아무르 강 / 우수리 강 / 연해주 / 하얼빈 / 장춘 / 신징 / 북경 / 타이베이(중화민국)(국민당 정부) / 조선민주주의인민공화국(1948) / 평양 / 대한민국(1948) / 서울 / 독도 / 상해 / 남경 / 연안 / 무한 / 중경 / 서안 / 성도 / 곤명 / 이르쿠츠크 / 울란바토르 / 몽골인민공화국 / 러시아 / 장정 루트은 하북성(河北省) 동부에 괴뢰정권을 수립해 화북 지방의 침략에 나섰는데, 이것이 오히려 중국의 민족 운동을 한층 격화시키는 계기가 되었다.

1937년 7월, 북경 교외의 노구교 부근에서 일어난 사건으로 중일 전쟁(1937~1945)이 시작되자, 공산당과 국민당이 서로의 자립성을 인정하면서 제휴한 제2차 국공 합작이 성립, 일본에 맞서 함께 싸우게 된다.

1949년 10월, 북경에서 모택동을 주석으로 하는 중화인민공화국 탄생

전쟁 초기 일본군은 중국군보다 압도적으로 우세해 화북과 화중의 주요 도시를 잇따라 함락했다. 1937년 12월에는 수도 남경을, 1938년 10월에는 장강 중류의 무한(武漢)을 함락했다.

하지만 국민당 정부는 수도를 사천성(四川省)의 중경(重慶)으로 옮겨 항전을 계속했다. 중경은 장강과 지류인 가릉강(嘉陵江) 사이에 위치한 160~350미터의 구릉 지대에 생긴 교통의 거점이었다. 여름에는 40도가 넘는 날도 있을 정도로 무덥고, 안개가 많았기 때문에 '안개의 도시'라고도 불렸다.

한편, 일본군이 광대한 중국 대륙에서 전선을 유지하는 일은 매우 어려웠다. 지리와 지형에 익숙한 공산당은 일본군의 배후에서 게릴라전을 전개했고, 전쟁이 지구전으로 옮겨 가면서 공산당은 농촌 지역에서 세력을 급속히 확대했다.

미국과 영국, 소련도 중국을 지원했기 때문에 전쟁은 갈수록 수렁으로 빠져들었고, 결국 일본은 더 이상 손을 쓸 수 없는 상태에 이르게 되었다. 이 중일 전쟁도 제2차 세계대전의 일부이다. 그런데 제2차 세계대전은 미국과 영국이 이끄는 연합군이 승리했다.

중국은 제2차 세계대전에서 일본군과 치렀던 싸움이 연합국 측의 높은 평가를 받아, 전쟁 중에 이전의 불평등 조약이 철폐되었다. 그리고 제2차 세계대전 후에는 유엔의 상임이사국이 되어 '세계의 5대 강국' 가운데 하나가 되었다.

하지만 전후 국민당과 공산당의 골이 다시 깊어졌고, 결국 1948년에는 전면 전쟁에 돌입했다. 처음에는 국민당이 우위에 섰지만, 이윽고 농촌에 기반을 두면서 토지 분배로 신임을 얻은 공산당이 전황을 우세한 국면으로 바꾸기 시작했다.

1949년 10월, 북경에서 모택동을 국가주석으로 하고 주은래(周恩來)를 수상으로 하는 '중화인민공화국'이 탄생했고, 장개석이 이끄는 국민당의 '중화민국 정부'는 대만으로 피신했다.

중국 대륙의 새 정부는 토지를 개혁하고 재벌을 추방했으며, 1950년에는 '중소우호동맹 상호원조조약'을 체결해, 소련의 지원을 받으면서 소련을 모델로 중공업을 우선시하는 사회주의 건설(제1차 5개년 계획. 1953~1957)에 나섰다.

공산당이 지배하는 중국이 개혁과 개방으로 급속한 경제 성장

1950년 한국 전쟁이 일어나자, 중국을 견제하기 위해 미국은 세계 최강이라는 제7함대를 대만 해협에 파견해 '중화민국(국민당)' 정부를 지지했다. 그 결과 국민당과 공산당의 전쟁이 종결되고, 유엔의 상임이사국 자리도 기존처럼 '중화민국(대만)'이 유지했다.

한편, 스탈린이 죽은 뒤 소련이 평화 공존 노선으로 전환하는 가운데, 농민이 중심이 되어 발생한 혁명으로 권력을 잡은 중국공산당과 소련공산당 간의 대립이 갈수록 심해졌다. 모택동은 민중을 총동원해 단숨에 사회주의 건설을 이룩하고자 대약진 운동과 함께 인민공사에 의한 농업 집단화를 추진했다.

이에 대해 소련은 1959년에는 중국과의 기술 협정을 파기하고, 다음 해에는 중국에서 기술자들을 모두 철수시켰다. 결국 모택동은 자신의 정신주의적 정책으로 인해 경제 혼란을 초래한 결과를 책임지

문화대혁명 당시 걸렸던 '신선한 피와 생명으로 당 중앙을 보위하자! 신선한 피와 생명으로 모 주석을 보위하자!'라는 구호

고 국가주석 자리에서 물러났다.

　당 간부의 부패와 사회적인 불평등 확대에 대한 불만, 경제 혼란, 국제적인 고립 등이 겹쳐진 가운데, 모택동은 대약진 운동 실패로 잃어버린 권력을 다시 잡기 위해 '문화대혁명(1966~1976)'을 주도했다. 모택동은 '홍위병(紅衛兵)'이라고 불리는 청년들을 동원해 기존 체제를 파괴하고, 자신이 최고 지도자로서 중국을 통솔하는 체제를 구축한 것이다.

　'문화대혁명'하에서 소련과의 관계는 갈수록 악화되었고, 1969년 중국과 소련의 국경인 우수리 강(길이 900킬로미터)의 진보도(珍寶島 ; 다만스키 섬)에서 무력 충돌이 발생했다.

　베트남 전쟁에서 큰 타격을 입은 미국은 중국과 소련의 대립을 외교적으로 이용하려고 중국에 접근했고, 그 결과 1971년에 유엔 대표권이 '중화민국(대만)'에서 '중화인민공화국(중국)'으로 이전되었다. 그 후 중국은 소련에 맞서기 위해 미국과 일본에 접근하는 자세를 취하게 된다.

　1976년, 모택동이 사망하자 문혁파가 일소되면서, 사고가 유연하고 현실적인 등소평(鄧小平)이 정권을 장악했다. 그는 '농업, 공업, 국방, 과학 기술'의 '4가지 현대화'를 내걸면서, 동부의 연해 지역에 경제특별구를 설치해 자본주의 국가들의 기술과 자금을 대규모로 도입함으로써 고용을 확보하고자 했다.

　5.4운동 70주년에 해당하는 1989년에는 소련과 화해했다. 그 직후, 쉽게 부패하는 당 관료 체제의 개혁과 정치의 자유화를 요구하는

학생들이 시위를 벌였고, 이를 군대로 진압한 '천안문 사건'이 일어났다.

중국은 현재 공산당이 일당 지배를 유지하면서 개방과 개혁을 추진해 급속한 경제 발전을 이루고 있다. 하지만 정치와 경제 간의 모순이 공산당이 내세우는 애국주의에 감춰진 상태여서 향후 행방은 불확실하다.

지도로 읽는다

지리와 지명의 세계사 도감 ②

초판 1쇄 인쇄 | 2018년 5월 12일
초판 1쇄 발행 | 2018년 5월 14일

지은이 | 미야자키 마사카츠
펴낸이 | 황보태수
기획 | 박금희
마케팅 | 박건원
디자인 | 정의도, 양혜진
지도 일러스트 | 박해리
교열 | 양은희
인쇄 | 한영문화사
제본 | 한영제책

펴낸곳 | 이다미디어
주소 | 서울시 마포구 양화진4길 6번지(합정동 378-34, 2층)
전화 | (02)-3142-9612, 9623
팩스 | (02)-3142-9629
이메일 | idamedia77@hanmail.net

ISBN 978-89-94597-87-4 (04900)
       978-89-94597-65-2 (세트)

이 책은 저작권법에 따라 보호받는 저작물이므로 무단전재와 무단복제를 금지하며,
이 책 내용의 전부 또는 일부를 이용하려면 반드시 저작권자와 이다미디어의
서면동의를 받아야 합니다.